人本経営

「きれいごと」を徹底すれば会社は伸びる

小林秀司

Nanaブックス

はじめに

70年周期説、次の70年に価値基準となるもの

70年周期説を知っていますか。

書籍『２０２２―これから10年、活躍できる人の条件』（ＰＨＰ出版）を著した天才マーケッターの神田昌典氏によれば、わが国には70年周期で大きな社会的価値観の転換が訪れているといいます。

70年前には先の大戦があり、軍国主義から民主主義へ価値観の転換が起きました。そのさらに70年前には明治維新があり、江戸時代が終焉し、封建的な社会から近代的社会へ転換していきました。

支配する価値観の基準がシフトしているのです。

今、起きていること。

戦後、ずっと続いてきた拝金的な資本主義から良心的な人本《じんぽん》主義への価値観の転換が、社会

的レベルで起きているのです。

ベストセラー『日本でいちばん大切にしたい会社』（あさ出版）の著者・坂本光司教授は、「業績軸」から「幸せ軸」へパラダイムシフトが起きていると指摘されています。

時代が変わる時には、先見性のある少数派がムーブメントを起こし、やがてそれが大潮流になっていきます。

「時代は変わる。慣れ親しんだ当たり前の価値観がこれからはもう通用しない」という想いを強く持った先駆者たちが声を上げ、勇気と行動を示して新しい価値観をつくり、次世代に光をともしていったことは歴史が証明しています。

その役割を担ったのは、維新の時は幕末の武士たちでした。現代においてこの役割を担うのは、間違いなく「幸せ軸」を切り開いていく経営者や経営幹部、さらに現場でそれを実践する社員のみなさんでしょう。

そして、明確に次代を示すリーダーの存在を欠くことができません。

明治維新の前には坂本龍馬のような志士が出現し、既成概念を打ち破っていきました。

現在では、まさしく龍馬のように全国を駆け巡って「人を大切にする経営」の重要性を説いている、坂本光司先生、その人です。

海援隊が創設され、無血で新政府をつくる龍馬の理想が託された「船中八策」が示され、その理想は明治政府に引き継がれて日本の近代化の礎となっていきました。

140年後、法政大学大学院政策創造研究科が創設され、『日本でいちばん大切にしたい会社』が世に登場、大ベストセラーになりました。

「幸せ軸」の人本経営を実践している会社の姿を通じて、人が人らしく生きるために大切な考え方を呈示したこの書籍が、その後多くの経営者や各界のリーダーに多大な影響を与えていることは、あらためて述べるまでもないでしょう。


歴史的に見ると、わが国は西から変革が起きています。明治維新もそうでした。

歴史は繰り返す。

島根、四国、大阪、九州……。

今もまた、人本主義への社会改革は、西からムーブメントが起きています。人本主義社会が今の資本主義社会にとって代わるならば、確実に人類にとっての前進です。そういう社会をつくり出すことが、今を生きる者の使命だと悟っています。


本書は、次の70年の価値基準となるであろう人本主義社会をトレースして、今後、中心となってくる人本経営の考え方、実践ノウハウについてまとめ上げたものです。人本経営を実践していきたいと考える経営者、リーダーのみなさんの指南書として役立てていただければ、これに勝る喜びはありません。

勝利ではなく、幸せを目指す時代の福音となるよう願いを込めて書きました。

2014年9月

株式会社シェアードバリュー・コーポレーション
代表取締役　小林秀司

人本経営――「きれいごと」を徹底すれば会社は伸びる　目次

第7章 「いい会社」から「大切にしたい会社」になるために―― 195

第8章 人本経営で地域も元気に……225

序章

「いい会社」は人本主義

「人本主義」とは何か

筆者は47都道府県、日本全国の、「幸せ軸」で成功し人を大切にしている「いい会社」といわれる企業を視察してきました。結果、「いい会社」とは次のような状態にある企業であると定義付けることができました。

そこで働く社員が自主自立的に社会の役に立つ仕事をしている会社。
取引先・外注先など仕事で関連するパートナーに益をもたらしている会社。
お客様から、なくてはならない会社と選ばれ続けている会社。
障がい者雇用など地域社会の課題解決に直接的に貢献している会社。
結果として好業績を実現し、株主に高配当をもたらしている強い会社。

つまり、「いい会社」とは社員、取引先、お客様、地域社会の住民、株主という企業に関わる人を大切にする経営を実践、実現していくことでステークホルダーに支援され、持続的に好業績という結果を生み出している会社のことだと学びました。この、人を大切にする経営を「人本経営」、人を大切にする志向を優先することを「人本主義」と形容することにします。なお、本書での人本主義とは、伊丹敬之氏が、1987年に『人本主義企業』（筑摩書房）で著した人本主義の定義とは異なる概念であることをあらかじめお断りさせていただきます。

「業績軸」資本主義と「幸せ軸」人本主義

一般に資本主義とは、資本を元手に、生産手段と労働者によって商品を生産し、利益を得る資本家が中心の利潤追求の社会システムのこと。よって企業は、利潤を極大化することが存在目的とされ、経営は「業績軸」をベースに実践されていきます。

では、「人本主義とは」と対比して定義付けしてみます。

人本主義とは、信頼を元手に、関わる人を大切にする経営活動により、結果として利益が得られ、それをより幸福追求するための手段として永続していくシステムのこと。よって企業は、最も近い人である社員の幸福の極大化を実現させていくことが目的となります。経営は「幸せ軸」に沿って展開されていきます。

定義付けだけを見ても、利益の意味が「業績軸」資本主義では目的であるのに対して、「幸せ軸」人本主義では結果・手段と真逆に捉えられます。

ステークホルダー	「業績軸」資本主義	「幸せ軸」人本主義
社員	労使・歯車	同志・主役
取引先	外注先	パートナー
顧客	経済合理性の成果	共感性の成果　ファン
地域社会	貢献への意識は高くない	重要な貢献対象
株主	出資者・投資家	支援者・支持者

図表１　「業績軸」と「幸せ軸」のステークホルダーの捉え方の違い

ですからステークホルダーの捉え方も大きく異なります（図表1）。

少し極端な対比に感じられるかもしれませんが、言ってみればこれは原理原則の部分ですから、経営活動をしていく際にどこに視点、意識が当たるかはおのずと違ってきます。「業績軸」資本主義は、その名の通り出資者、資本家である株主の満足を大本に考えざるを得なくなります。「幸せ軸」人本主義は、まさしく人、それも近い人から順に満足を高めることが原則となります。

産業革命が資本主義を発展させました。人本主義を発展させるのは今を生きる人々の意識革命です。これからますます多くの人が目覚め、「幸せ軸」人本主義に共感性を高めていくことになるでしょう。

人を大切にする「いい会社」の共通性

程度の差こそあれ、あるいはやり方は違っても、「いい会社」といわれる会社の多くは人本経営、人本主義を実践しています。それは法則といっていいくらい、共通性を感じます。

訪問時に感じる共通性

会社の良い空気感が伝わってくる
5S（整理・整頓・清潔・清掃・しつけ）が徹底されているので会社がきれい
社員のあいさつが心地良い
気配りが行き届いている
心からのおもてなしをされていると感じる

社長の講話を伺って感じる共通性

経営理念を大事にしている
人本主義を感じさせる発言が多い
社員を心から大事にしていることが伝わってくる
こだわっていることに対しては効率よりも手間暇を重視している
全員参画型経営を意識している

経営の取り組み面の共通性

弱点克服よりも社員の長所、強みを生かす人材養成を重視している
採用ではその人物の価値観を重視している
現場主義を徹底しようとしている
対話（朝礼等）の活性化を重視している
急成長を戒め安定的な発展を意識している（年輪経営）……ｅｔｃ.

こうした共通性は、今日、明日ですぐにできるものではありません。けれども日頃から実践していれば、必ず実感できるようになります。そして関わる相手に伝わっていきます。

ある会社の社長が語っていました。

「人本経営を志していったら、ある時期、入浴剤を風呂に入れた時にお湯の色がみるみる変わるように、会社の空気感が良くなっていったように感じた」

この体験をぜひとも多くの会社、職場で味わってほしいのです。そのために人本経営に成功していただきたいと心から念じています。

第1章

今、起こっている新しい現実

1

失われた20年間に派生した2つの流れ

人を幸せにすることを目的とした経営者の登場

戦後の焼け野原、何もなかった時代。激しい戦いを生き残った先達の中から、松下幸之助氏に代表されるその後の日本を再生する事業家が生まれてきました。そして「製造業」を中心に、大企業とそれを支える中小企業がまるでピラミッド組織のように連動して、高度経済成長を成し遂げていきました。この間、団塊の世代が大活躍しました。公害という負の遺産を背負ったり、世界からはエコノミックアニマルと揶揄されたり、会社一筋の猛烈サラリーマンは社畜というありがたくない呼び名が付けられたりしましたが、わが国は一億総中流意識を持つまでに、物質的な豊かさを享受するのに成功しました。

　このまま日本は経済大国として発展成長していくことをほとんどの日本人が疑っていなかった最中に、バブルが弾け飛びました。そして、失われた10年が、20年となりました。この間、これまでの団塊の世代の価値観とは一線を画した新人類世代が目立つようになってきました。これまでのように額に汗することなく、金融工学や情報技術の活用で信じ難い急成長を成し遂げ、荒稼ぎする経営者も生き馬の目を抜くように登場してきました。しかし、急成長は必ず行き詰まるという法則もまた過激に作用し、多くのＩＴ長者は一瞬にして消えていきました。

　一方、そうした拝金主義者たちとは別に、極めて良心的に人を幸せにすることを目的として事業を展開させようとする経営者たちが、２０００年前後から世に登場し始めます。彼らの活動に派手さはなく、あまり目立ちはしませんが、徐々に社会で認識されるようになっていきました。

裕福なだけでなく幸福な社会を実現する

　そして、わが国はリーマンショック、東日本大震災という二度の社会的衝撃に見舞われました。その結果、生きていく上で何が本当に大切なものなのか、その気付きが人々の間に一気に広まっていきました。まさにその風潮の中で、企業は業績を高めるためにではなく人々を幸せにするために存在すると訴えた『日本でいちばん大切にしたい会社』が大ベストセラーになったのです。同書では、企業は利潤の極大化を目的にする「業績軸」でなく、関わる人々のモチベーションの極大化を目的とする「幸せ軸」の経営を実践することで永続できると明確に示されました。

異常気象などの環境問題も社会を覆い尽くしています。欲望のままに経済発展していくと限界がくることは、社会的コンセンサスとなりました。物質的豊かさを追求して拡大再生産してきたこれまでの資本主義とは違う価値観が、次世代の企業社会では求められています。裕福なだけではなく、幸福な社会の実現こそがポスト資本主義社会の姿です。人の幸せが優先される状態に調和善循環していくことで、結果として企業の持続可能性を高められるのです。

ここ数年、明らかに「業績軸」ではなく「幸せ軸」に立脚した見事な経営で人々を感嘆、感銘させている会社が、規模の大小を問わず増えてきました。

増え続ける「訪問したい企業リスト」

書籍『日本でいちばん大切にしたい会社』のベストセラー効果で、確実に社会の「幸せ軸」への関心度合いが高まってきています。同書はシリーズ4作目が刊行されるに至っております。近著を読まれている方は気付いていると思いますが、書籍で坂本教授が書かれている多くのエピソードが、教授宛てのメールや手紙によるものです。読者の人本経営への共感が、「あそこにもいい会社があります」「ぜひ、わが社にも来てください」「自社もここまで変わりました」と多くの反響を呼んでいるのです。そしてまた、教授を師と仰ぎ門下生になる経営者や専門家も年々増加の一途をたどっています。「先生、あの会社に行きましょう。素晴らしい取り組みをしています」という、質のいい直接情報も増えるようになりました。実際に視察に行くと、確かに素晴らしい経営をしている会社が非常に多いのです。実は、研究室には訪問したい企業リストというのがあります。そのストックは200社近く、さらに日に日に増えていっています。目に見えて人本主義社会が形成されつつあるということを実感させられます。

2

平成世代が人本主義社会形成を加速させる

人本経営について学ぶ学生たちの熱心さ

増加しつつあることは認識できるようになったものの、今は、まだ「幸せ軸」を基調とした人本経営に成功している会社は少数派です。しかし、人本経営がこれからの企業の盛衰の重要な鍵になりつつあることを実感した、大きな気付きがありました。

ここのところ、企業だけでなく大学や高校で、キャリア授業の講師を務めさせていただく機会が増えています。「君を幸せにする『いい会社』の見分け方」「どう生きる、どう働く」といったテーマで、人本経営のことについて学生たちに語るのです。

対象者は平成生まれの若い世代です。果たして自分の話が伝わるのだろうかという不安がありましたが、自分が話せることは、これまで見てきたこと、聴いてきたこと、感じてきたこと、そして実践してきたこと以外にありません。大学生、高校生たちを前にして、時代が大きく変化してきていること、これからの時代はもうかることや規模の大きさを競うのではなくて、人を大切にする会社が中心になってくること、そういう会社は人の幸せを追求し実現していくことを目的として経営していることを伝えています。障がい者の雇用を50年以上続け障がい者の幸せをつくり続けている日本理化学工業株式会社の事例をはじめ、誰が聴いても胸が熱くなる、人を大切にする会社のストーリーを語っていきます。

自分の体験上、学生時代の教室や講義室はどこかざわついていて、講師の話が早く終わらないかといった態度で臨む学生が多かったように思い出します。しかし、最近の学校、大学での学生たちの授業態度には驚かされます。講義室内は水を打ったように静寂感があり、真剣にこちらの話を聴こうという姿勢をありありと感じるのです。眠っている学生も見当たりません。

人を大切にする会社の講演会に参加した高校生たちの感想

先日行ったキャリア授業を受けた、高校2年生のみなさんの感想を紹介いたします。

・世の中には「いい会社」と「悪い会社」があることを実感した。「いい会社」は大きさや名前だけじゃなくて、その会社が行っている行事や雰囲気で見分けられると分かった。
・「会社とは人を幸せにする場所」という言葉にグッときました。会社をこのような場所と意識を変えることで、将来がより一層楽しみに思えてきました。
・この講演から、自分はより人を大切にし、人のことも考えた上で行動していきたいと思いました。
・「いい会社」を見抜く力が必要だと思った。自分の存在を認められるように努力できるようになりたい。もっと詳しく最近の会社で「いい会社」はどこかを知れたらよかった。
・社員に障がい者を雇っている例もありました。そういう会社は一人がみんなのために、みんなは一人のためにという考えのもと働いていることも分かりました。自分もそんな考えのある人にならないといけないなと感じました。
・私は今までいい会社は、その会社の功績が良く経済面だけで優れていることだと思っていたけど、本当のいい会社は経済面だけではなく、その会社に関わる全ての人々が幸せと思えるようにしている会社だということが分かりました。
・この講話を聴いて、今まで僕には決められなかった将来の夢が決まりました。小林さんの話を聞き、一番心に残ったことは「人を大切にする」という言葉です。この言葉で僕は将来規模の小さな会社でもいいので、一から自分でつくり、そして社員を大切にできるいい社長になりたいです。

・「つぶれてから助けを求められるのではだめだ。つぶれないようにするのが私たちの仕事なんだと気が付きました」と言っておられて、すてきな考え方だなと思いました。私もちゃんと目標をつくり、人のために頑張れるような人になりたいです。

いかがでしょうか。極めて素直に人間性が育っていると感じられませんでしょうか。ゆとり世代だからといって、決してひ弱ということではありません。このようにすでにしっかりとした芯を持っているのです。そして、明らかに感性が違ってきているのではないかと強く印象づけられます。特に「幸せ」というテーマに対する共感性はとても高いものがあるのかもしれないと感じました。そこで関心を持って今の大学生、高校生とはいったいどういう世代なのか調べてみることにしました。一般には、ゆとり教育ということでヤワなイメージがありますが、最近のスポーツ界では平成生まれの若者が大活躍しています。

傑出した人材を輩出し始めている平成ゆとり世代

自分の名前が付いた技を2つも編み出し、世界体操の床種目において史上最年少で金メダリストになった白井健三さんは、現役高校生でした。ソチ五輪のフィギュアスケートで史上最高の得点を叩き出し弱冠19歳で金メダリストになった羽生結弦さんや、ほかにも平成生まれの若者がメダリストになりました。世界で戦うどころか史上最年少で王者になったり、世界記録を更新しているのです。陸上競技、卓球、バトミントン、ボクシングなど、実に多くの種目で平成生まれの活躍が顕著に見られます。スポーツ界に限らず、史上最年少16歳で公認会計士試験に合格した長谷川智也さんや20歳で史上最年少名人となった囲碁棋士井山雄太さんも平成生まれです。事業家でも、ソーシャルビジネスに成功するなど傑出した人材が輩出されてきています。

『日経ビジネス』でもこのことが取り上げられていました。2012年4月2日号で「平成生まれの衝撃」という特集が組まれ、各界で活躍する人物の紹介のほか、この平成世代の特徴を分析していました。

大変興味深いので紹介します。

平成世代の特徴

◆少子化進展で大学は誰でも入れる「全入時代」となり、過激な受験競争を知らない。
◆バブル景気を知らず、「1億総中流」という前提条件が瓦解する社会に生きてきた。
◆小学生から「ケータイ」を持ち、「パソコン」「インターネット」が当たり前の環境で育った。
◆大量消費に縁がなく、ブランドの車や時計など、高額商品をローンを組んで買いたいと思わない。
◆物に溢れた社会で生まれ育ってきたので、社会に対する不満や物足りなさがない。
◆等身大で、他人に自分を過剰に大きく見せようとしない。
◆金儲け主義を嫌い、社会に役立つことで自分の存在価値を見出している。
◆ギラギラした野望を抱かず、調和を好む。

『日経ビジネス』2012年4月2日号「平成生まれの衝撃」

十把一絡げに「平成生まれ」「ゆとり世代」とくることには留意が必要であることは重々承知していますが、価値観、感性を育んできた「世代」という概念は到底無視できるものではありません。これまでも「団塊の世代」「新人類世代」など、その時代の価値観、感性を育んできた世代については関心が寄せられ、それが社会のあらゆる面で影響を及ぼしてきた経緯があります。

驚くほど人本主義に親和性が高い平成世代

「平成世代」の特徴のいい点だけを捉えていくと、物欲は強くなく、役に立つ、必要とされる精神的な「幸せ軸」に価値観を見いだし、重きを置いているということが言えます。相手を蹴落とすとか自分さえ良ければいいという利己性が低く、チームワークを大切にしようという動機が強いこともうかがえます。以前に見たＮＨＫの討論番組では、この世代は「ダメ出し」ではなく「ポジ出し」に、より価値を感じているということでした。つまり、相手の強みや長所を見て褒めることを良しとしているというわけです。

こうして見てくると、平成世代は人本経営が目指す「幸せ軸」の価値観にとても親和性が高いと言えそうです。そう考えると、人を大切にする会社についての講義を真摯に聴講していた大学生や高校生たちが、なぜそのような態度を取っていたかということがものすごく理解できます。人本主義社会が進展してきて、その申し子のように平成世代が登場してきたのです。国が意図したかどうかは別として、今の若者たちは、人を大切にする人本主義社会の価値観に順応できるように育て上げられてきたのです。

つまり、平成世代には次世代社会で最も活躍できる資質のある人材があふれているということです。この平成世代が働き盛りの30歳くらいになった時、この子たちの資質を生かしきり、世の役に立つ人材に養成できているかどうかが、これからの企業の命運を握っている。これが、私が得た大きな気付きです。

これから続々と社会に登場してくる平成世代の若者たちは、人を大切にする会社でますますその可能性を開花していくに違いありません。人を大切にする会社の環境は、人本主義に親和性を持った若者たちの可能性を、まるで初夏に若葉が勢いよく成長していくかのごとく最大限に高めていくでしょう。すでに人を大切にする経営を実践し、結果が出始めている会社は、今後、新卒採用で会社の価値観に適合した優秀な人材確保が加速度的に図られ、確実な発展の道を進んでいくことが予見されます。

一方、支配型で競争をあおるような行き過ぎた成果主義の会社は、萎えしぼんでいくことでしょう。すでにブラック企業という言葉が言われ始めていますが、働く人の幸せを顧みない会社では、せっかく持っている現代の若者の時代の感性や個性をうまく育て上げることができません。ますます早期離職者が続出し、うつ病などの精神疾患も多く発症させてしまう懸念が、非常に高まっていると感じます。そして、早晩、人材不足から企業体力が衰え、まともな経営ができなくなるに違いありません。

若い世代が育たない会社に未来がないことは明白です。ですから、人本経営を今、しっかりと会社に根付かせていくことが、とても重要な経営課題になってきたと認識できるのです。日に日にこの気付きは社会に広がっていくことでしょう。そして、多くの企業で人本経営に経営革新が進んでいくことになるでしょう。その結果、世の中は人本主義社会の様相が色濃くなっていくものと考えられます。つまりは、平成世代の出現で人本主義社会発展の必然性が生じてきているということになります。

これが、今、起こっている新しい現実といえるのです。

3

資本主義社会の瓦解、その序曲が始まった

いいかげんな経営者には恐ろしい未来が待っている

筆者は前著において「買い手市場である場合には、求人をかければ応募には事欠かないかもしれません。しかし、すでにに理念経営を実践して社員を幸せにしている企業が台頭してきているなかにあって労働搾取型経営を続けている企業は、人材採用状況が変わったとき、計り知れないダメージを被ることになるでしょう。（略）慢性的に人材不足状態に陥ります。早晩、経営に重大な影響が及んでくることになるでしょう」（『元気な社員がいる会社のつくり方』アチーブメント出版）と警告を発しました。

かつて坂本教授は、こう発言されていました。「〝働く〟ということの『ものさし』が変わってきているということは否めない事実。この予兆に気付かない、いいかげんな経営者には恐ろしい未来が待っている」。

爽やかな風が心地よい2014年のゴールデンウィークの最中に、以下のような見出しのニュースが新聞の紙面を飾りました。

・〈人手不足〉景気回復で奪い合い　時給1375円も求人難（5月5日付毎日新聞）
・人手不足、企業が悲鳴　営業短縮や店舗の閉鎖（5月2日付朝日新聞）

飲食店や小売り、建設工事だけでなく、製造業の現場でも人が足りなくなり、企業は働き手を確保するため、バイト代やパート代を引き上げているという内容です。

事例として牛丼を全国展開している会社などが取り上げられていました。同社では2014年2月から4月にかけて人手不足を理由に123店で休業し、124店が深夜・早朝営業を休止したそうです。学生アルバイトが大量離職して経営が立ち行かなくなるという事態に陥ったのです。

この会社はこれまでも労働紛争のニュースがたびたび報じられてきており、人を大切にすることをおろそかにしていると感じていました。24時間営業を維持するために1人スタッフ体制で店舗運営を行うなどといった劣悪な労務管理が実施されてきました。そこにもってきて、2月に始めた新しいメニューが牛丼より手間がかかり、負担ばかり増えて人が増えず、「やってられない」と辞める人が相次いだのです。

大切にされていない上に、売り上げを優先する「業績軸」経営を前面に押し出したために、とうとう働くスタッフが反旗を翻した構図です。この牛丼チェーンだけでなく他の企業でも同様の事態が起き始めていると、ニュースは報じています。有名な居酒屋チェーンもまた、人手不足のため全店舗の1割に当たる60店舗を閉鎖すると発表しました。

店をオープンすれば売り上げが上がっても、働く社員がいなくては開店ができず経営の継続は不可能です。最悪、労務倒産という事態に追い込まれてしまうでしょう。

これが坂本教授が警告されていた〝恐ろしい未来〟の形です。予言が的中してしまいました。

人手不足を景気のせいにしていると時代を見誤る

新聞では、景気回復が人手不足を招いていると指摘していますが、思うように採用ができない理由を、景気が良くなったことによる人手不足だと思っている経営者は、完全に時代を見誤ることになります。

今、人手不足に陥っている企業はいったい誰に去られているのでしょう。そうです。人を大切にすることに親和性を持った平成世代の若者たちなのです。決定的な事象がついに起きたのです。誰の目にもはっきりと「業績軸」の資本主義社会が瓦解し始めているということが認識できるようになってきました。

人手不足ということで賃金を引き上げる対応をしている会社も増えているようです。実際、時給は上昇し続けていると報じられています。しかし、給料を高くするだけでは、応募状況や定着率の改善にはつながりません。

平成世代は、いい雰囲気のある職場で働き、より自分が役に立てる環境を強く望みます。時給の多寡はそれほどインセンティブにならないのです。人手不足状態を克服するためには、じっくりと腰を据えて「幸せ軸」の人本経営に舵を切ること以外にありません。

筆者の知っている人を大切にする会社では、人手不足に悩んでいるケースは皆無です。幾分採用人数が思うようにいっていない会社はあります。しかし、定着率が抜群に高く離職者がほとんどいないので、人手不足にはならないのです。

本気で人本経営を実践できるかどうかが、本当に企業の行く末を大きく左右する時代になったのです。

人手不足倒産の時代到来

東京商工リサーチから衝撃のリポートが出されました。２０１４年1月から4月の累計において、人手不足を理由に倒産する企業が発生し始めたというのです。そして今後、さらに増加が懸念されると指摘しています。景気回復がトリガーになって、人を大切にしていなかった企業から労働者が逃げ出しています。そして人手不足が理由で倒産する企業が出始めました。

人口は毎年毎年減っていきます。わが国は少子高齢化で総人口の減少がすでに始まっていますが、15歳から64歳の生産年齢人口の減少率は総人口よりも深刻です。21世紀に入ってからすでに６７０万人も減少しているのです。総務省によれば、２０１３年10月時点で前年より１１６万５０００人減って７９０1万人と、32年ぶりに８０００万人を割り込んでいます。この傾向はずっと続いていきます。２０６０年には3割を超える人口が減少すると見通されています。

人手不足回避には人本経営の愚直な実践しかない

人手不足を克服していくためには、新たに人を採用することよりも、今いる社員に離職されない職場をつくることを優先して経営改革をしていくことが求められます。採用計画が達成できなくても離職者がいなければ、ゴーイングコンサーンは達成されていきます。無謀な拡大路線の事業計画を持っていてはもちろん無理ですが。

人を大切にする経営は、決して無理な成長を追いません。安定成長、年輪経営です。ですから多少採用予定人員に達していなくても、人が辞めなければ人手不足で経営が困難になることはないのです。

離職率を低くするために賃金引き上げをしても、それは一時しのぎにしかなりませんし、それにつられて残るような社員は仲間ではありません。バランスを欠く人件費増となって利益が圧迫されるような経営もまた、事態を悪化させていくだけです。

人手不足を回避するためには人本経営の愚直な実践しかありません。「業績軸」から「幸せ軸」に切り替えて、人を大切にする人本経営を実践していきましょう。

経営者や職場のリーダーが、「本気で人本経営を目指す」と宣言すれば、とりあえず社員は離職を思いとどまることでしょう。その後、確かにそのことが実感できるようになれば、離職者はほとんどいなくなっていくはずです。そうしていくうちに社風も良くなっていきます。そうなれば採用面も好転してくることは確実です。その職場の雰囲気に憧れて来る入社希望者を継続的に獲得できるようになるからです。

第2章

これからは人本経営が成功する事業モデルと証明された事実

1
「幸せ軸」で経営をしていくことの意味

人間の幸せとは何か

ここであらためて幸せということを考察してみたいと考えます。幸せは人それぞれに感じるものです。しかし、長年にわたる障がい者雇用で有名になった**日本理化学工業**株式会社の大山泰弘会長は、究極の幸せは4つだと語られています。

「人間の究極の幸せは人に愛されること、人に褒められること、人の役に立つこと、人から必要とされることの4つ。働くことによって愛以外の3つの幸せは得られるのだ。私はその愛までも得られると思う」とおっしゃっています。

かつて大山会長は、自社で就労する障がい者が言ことを聞けず先輩たちに叱られてつらそうな状態を見るにつけ、「無理しなくていい、家に帰りなさい」と優しく声を掛けていました。すると障がい者たちは決まって必死の形相で「辞めさせないで。ここに置いてほしい、私を働かせてほしい」と懇願してくるのです。家にいたほうが楽だろうになぜなんだろう、と疑問を持っていた大山会長は、ある法事の席で禅寺の導師から、それは働くことによって得られる幸せを障がい者も得たいからだ、と究極の4つの幸せを教えられたのです。なるほどそういうことだったのかと大きな気付きを得た大山会長は、「日本理化学工業を障がい者の働く幸せを生みだす会社にする」ことを新たな理念として、今では日本有数の障がい者雇用優良企業に発展させせました。

「究極の4つの幸せ」は含蓄のある名言で、まさしくその通りだと感じさせられます。この4つの体感を職場でたくさん増やしていくことが、幸せ軸で経営をしていくことにほかなりません。

マズローの欲求5段階説をあらためて考察する

有名な「マズローの欲求5段階説」というのがあります。人間の欲求には段階があるという説です。第1階層の「生存の欲求（生理的欲求）」は、生きていくための基本的・本能的な欲求（食べたい、寝たいなど）です。おいしいものを食べて、ああ幸せと感じるのはこの段階の欲求が満たされたことによるものです。この欲求が満たされると、次の階層「安全の欲求」を求めます。安全・安心な暮らしがしたい欲求（もっといい家に住みたい・健康であり続けたいなど）であり、今の安定状況が継続できること、より改善していくことを求める欲求です。いいクルマが買えて幸せというのは、この段階が満たされた状態といえるでしょう。ここまでの欲求は、物質的に満たされたいという思いから出てくる欲求です。

「安全の欲求」を満たすと「所属と愛の欲求（社会的欲求）」（集団に属したい、仲間が欲しいなど）を求めます。この欲求が満たされない時、人は孤独感や社会的不安を感じやすくなります。逆にいい会社に入り、意識の高い人たちに日々囲まれていると、仲間に対する感謝や尊敬の念が起きてモチベーションが高められます。そして次に「承認の欲求」（他者から認められたい、尊敬されたいなど）が芽生えます。ここから外的なモノではなく、内的な、心を満たしたいという欲求に変わります。まさしく、役に立ちたい、必要とされたい、褒められたいという究極の幸せ段階です。そして、最後に「自己実現の欲求」（自分の能力を引き出し創造的活動がしたいなど）が生まれます。

精神的な欲求が大きなテーマ性を持つ人本主義社会

欲求が満たされると「幸せ」を感じます。戦後、物質的豊かさを追い求めてきた時代は、「生存の欲求」と「安全の欲求」の充足に主眼が置かれてきました。実際、戦後の高度成長は、マイホームを建て、白物家電をそろえるといったことに物質的価値を感じていた団塊の世代のパワーによって形づくられたと言っても過言ではないでしょう。そのニーズを満たす自動車業界、家電メーカーを中心に産業界も発展していきました。

世の中にはモノがあふれ裕福になりました。そして、今、時代の転換期を迎えています。人本主義社会では「所属と愛の欲求」以上が大きなテーマ性を持ち、物質的欲求に加えて精神的欲求の充足がより重要性を帯びます。そして、平成世代は生存と安全の欲求は当然に満たされた社会環境の中で育ったため、「所属と愛の欲求」や「承認欲求」に対する充足感を、それまでの世代に比べ強く持っていると考えられます。それが平成世代の特徴であるという分析ができそうです。

自らが大切にされ、自分の持っている能力を最大限に発揮できるような環境が与えられれば、おそらく平成世代は他の世代よりも真っすぐに自己実現に向けて行動を集中していくことができるのではないかと考えられます。それが、今、各界で史上初の記録を塗り替えるパフォーマンスになっている気がしてなりません。活躍している平成世代の若者たちを見ていると、悲壮感というものがほとんど感じられません。相手を蹴落として勝っているという感覚がないのです。まさしく、自己最高を実現し続けていると感じられます。そして、フィギュアスケートの羽生結弦さんの勝利者インタビューなどでも顕著なように、支えてくれている方々への心のこもった感謝の気持ちが伝わってきます。とても良い精神状態なのだろうと推察されます。

5段階の上にある最上の欲求

人本主義的な感覚だと、最上の欲求が「自己実現」であるという定義に己さえ良ければいいのかという疑問が残るのですが、マズローは晩年に5段階の欲求階層の上に、さらにもう1つの段階があると発表しました。それは「自己超越」という段階です。「目的の遂行・達成『だけ』を純粋に求める」という領域で、見返りを求めずエゴもなく、自我を忘れてただ目的のみに没頭する領域です。言ってみれば己だけではなく、関わる人を幸せにしていきたい欲求ということになります。これこそ人本経営を目指す経営者が求めている、利他の精神にほかならないものでしょう。その領域に達することこそ、「幸せ軸」経営の目指す姿なのです。

2
企業規模に関係なく人本経営は実現できる

社員3900人の家族的経営——日本食研ホールディングス

人を大切にする会社づくりは、確かに素晴らしいと感じるけれども、それはしょせん、ある程度の少人数の規模の企業だからできることだと切って捨ててしまう経営者に出会うことがあります。しかし、人本経営は規模に関係ありません。

「晩餐館焼き肉のたれ」が有名な愛媛県今治市に本社があるブレンド調味料メーカー、**日本食研ホールディングス**株式会社では、3900人という社員規模でも家族的経営を実践し、社員が主役という経営を目指しています。

経営の民主化を目指す

経営の民主化を目指し、次世代の会社づくりに挑戦している同社の取り組みは、規模の大きさは言いわけにできないことを明確に示してくれています。同社では「社員が主役になる経営」を進めています。きっかけは、急成長を続ける中で家族的経営を目指していたにもかかわらず離職率が高くなったことだと言います。

社員を管理し過ぎてしまった、業績や企業の発展を主役に置いて、働く社員をコストや手段にしてしまった、と気付き、「エンジョイビジネス」という想いで人を大切にする経営に舵を切ったそうです。創業者から現在の大沢哲也社長に経営者が変わり、人を大切にする経営へのチャレンジが本格的に始動しました。３９００人という社員規模でも家族的経営を実践し、社員が主役という経営を貫徹して成果を出していることは注目に値します。

とうに上場できるところですが、「上場するつもりはない」と非上場への強いこだわりを持っています。同社がビジョンとしている経営の民主化実現の妨げになると考えているからです。それでも社員持ち株制度を実施しています。これは、社員イコール株主となることで自分の会社だと実感を持ってもらうためです。どんな大人数になっても40周年の創業記念日はグループ社員みんなでお祝いをしたいと執行部は考え、実現させせました。全国各地の営業所に社員がいますから、移動費用だけでも相当な額となります。かかった総費用は8億2000万円だったそうです。公開企業であれば一般株主の反対で実現できなかっただろうと、執行部の方は回想しています。これからも社員の幸せの実現を考え続けていく会社であり続けたいという想いを、しっかりと確認できるエピソードだと感じました。

叶える人事制度

同社ではまた、学校や就職先は自分で選んでいるのに、いったん会社に入ったら自律性を失い、会社の決めた部署で仕事をするようになることをおかしいと考え、「叶える人事制度」という取り組みにチャレンジしています。

自律的に主役として働いてもらうために、学校や職業と同じように働く部署を社員が自ら選べる人事制度です。これはできそうで、なかなかできることではありません。似た事例としては、株式会社オオゼキに新入社員が配属先を自ら選択できるというものがありますが、人事異動でこれを叶えようという試みは聞いたことがありません。所属長が部下に、この「叶える人事制度」を行使できないようにすることはご法度だそうです。

もちろん、所属を希望した部署に配属が叶うかどうかは、配属先の上司が受け入れてくれるかどうかによります。唐突に異動の希望を出すのではなく、社員との対話をしっかりとした上で異動希望を確認し、異動を可能にするための目標が設定され、それをクリアしたのちに希望が叶う仕組みになっているとのことでした。当該制度は緒に就いたばかりで、異動が叶えられた人材のその後のパフォーマンス測定はまだこれからということでした。

社風が良くなければとても成功し難い人事制度であると考えられます。社内結婚586組という結果が証明しているように、まさしく家族的経営が実現できている同社だからこそ、経営の民主化という高次元の経営課題にトライできていることは間違いないでしょう。そうした先進的取り組みが評価され、2013年、第2回「四国でいちばん大切にしたい会社大賞」（四国経済産業局長賞）に輝きました。

日本食研ホールディングス株式会社

本社愛媛県今治市。大沢哲也代表取締役社長。経営理念は「仕事で成功することは人類に最大の幸福（しあわせ）をもたらす」。全社員がこの理念を旨とし、お客様や仕入先をはじめ地域の方々、世界の人々の幸せづくりを目指し、「豊かな食シーンづくりに貢献する」「ブレンド調味料の無限の価値を創造する」を2大ビジョンに掲げている。

3

人本経営でよみがえったトヨタ

人本経営の殿堂、伊那食品工業に学ぶトヨタ

2012年の春先に、何度目かの**伊那食品工業**株式会社の視察に行きました。伊那食品工業は人本経営の殿堂と言っていい存在です。いつものように塚越寛会長の素晴らしい話に触れ、あらためて人本経営の大切さをしみじみと感じていた時のことです。

塚越会長から衝撃の発言がありました。

「トヨタは変わりつつある。今までみたいなモノづくりでは永続できないことを、さすがにトヨタも知っている」「たいした会社だ。ファンになった」「トヨタが変われば日本が変わる」と、

トヨタ自動車株式会社（以下トヨタ）に対し賞賛の嵐だったのです。

実は、塚越会長はトヨタに呼ばれ、幹部３０００人が集まる「オールトヨタＴＱＭ大会」で講演をしています。そして、その後も交流が続いているらしく、塚越会長が「いい会社をつくりましょう」との社是を掲げ、50年以上にわたり実践してきた人本主義の理念経営に、相当に啓発されてきているというのです。

以来、トヨタ関連のニュースを注視してきました。スポーツカー「ハチロク」の発売が好評など、本業でも〝らしさ〟が感じられるニュースが続いていましたが、こんなニュースも増えていったのです。

・東日本大震災：がれき処分場建設受け入れ、トヨタが検討開始（２０１２年４月５日付毎日新聞）
・高卒者15人を訓練生に採用　トヨタ、復興支援で育成（２０１２年４月４日付共同通信）
・豊田章男社長「自分たちの使命を忘れていた」「現在、社員の意識や企業風土も変わりつつある」（２０１２年４月９日記者会見）
・トヨタ野菜工場日本が誇る「もの造り」を農業で（２０１２年５月４日付産経新聞）

いずれも温かみのあるニュースで、企業体として本当に変わり始めていると感じさせるものがとても多くなっていきました。

トヨタが人本主義に舵を切った決定的なニュース

そして、２０１２年ゴールデンウィーク明けの5月12日、トヨタが人本経営に切り替わったことを決定的に感じさせるニュースが報じられました。日経新聞には「トヨタ社長『本気度示す』宮城県で新型カローラ生産」との見出しが躍りました。

トヨタの代名詞とも言えるカローラの生産拠点を東北に構えると発表したのです。豊田章男社長は、「トヨタの本気度を示すものだ」と説明しました。相変わらず利益第一主義で海外拠点づくりや社員をリストラしている多くの大企業と、トヨタの経営は一線を画してきていると感じられました。

その後、トヨタに何が起きてきたかといえば、２０１３年に「カムリ」が韓国で外国車としては初めてのカー・オブ・ザ・イヤーを受賞するという快挙があり、２０１４年3月期連結決算では純利益89％増の1兆８２３１億円となり、最高益を更新しています。

好業績の要因についてはいろいろと考えられますが、人本経営に舵を切ったことも大きく影響していることでしょう。筆者は、2012年5月14日の事務所通信に「トヨタ、人本主義へ」とのタイトルでメッセージを掲載しました。そこで、「今後、トヨタの活動に共感する消費者が急増してくるに違いないと考えられます。塚越会長自身がファンになったように、共感はファンを生み出します。そのファンは購入という行動を取ってきます。業績に反映されてくる循環になってきていることは確実です」と指摘しました。その通りの結果になってきていると振り返ることができました。

豊田章男社長が決算報告会で語ったこと

業績好調な結果に終わった2014年3月期の決算報告会で、豊田社長はこう語りました。

「利益は目的でなく結果」

「毎年1つずつ年輪を重ねることが持続的成長につながる」

「5年、10年後の持続的成長に向けて種まきを進めたい」

この思想は、伊那食品工業の塚越会長が、ご自身の経営哲学として著書でも強調してきた考え方そのものです。実際、同社は経営方針として以下の3つをとても重視しています。

経営方針1「無理な成長は追わない」

経営方針2「敵をつくらない」

経営方針3「成長の種まきを怠らない」

この経営を塚越会長は「年輪経営」と呼んでいます。その言葉そのものを豊田社長が使っているのです。決算発表を報じるどのニュースにも、それが人本経営を志していることを意味する発言であるとの指摘はありませんでした。

これがまだ今の現実なのでしょう。しかし、時代はここまで進んできているのです。日本を代表する会社が人本経営に舵を切り、結果を出しつつあるのです。実際、トヨタの人本経営への肩入れは半端なものではなさそうです。

人本経営に成功した職場として、その道では有名な経営者の方と先日お話しさせていただく機会がありました。なんとトヨタが取材にきたそうです。スタッフ30人程度の職場に、です。社内啓発用教材をつくるために、まるでテレビ局なみの大掛かりな取材チームで、その会社がしてきた人本経営の取り組みについて、かなり細かくヒアリングをしていったということです。

本書もそうですが、早晩、トヨタの人本経営について取り上げられる日がやってくることでしょう。トヨタの経営が日本企業に与える影響は絶大です。追随しようとする企業が激増してくるに違いありません。そして、わが国の企業にとって人本経営がスタンダードになってくるのです。トヨタが変わり結果を出したことからも、〝人を大切にする経営〟への経営改革が、この数年で大潮流になってくることが予想できます。

講演会などでこの話をすると、確かにトヨタは変わったと思う、という肯定的な意見と、いや、まだコストダウンを迫られている下請企業の話を聞いたことがある、という否定的な意見の両方をいただきます。トヨタの人本経営は緒に就いたばかりです。そしてまたこれまでの長い歴史において、関連している会社はたくさんあります。さすがにそのすべてで変化を感じることができていないとしても、今はまだ無理もないでしょう。ただ、その行動や発言は人本経営を志向しているからこそのものであることは否めない事実といえるのです。

4

今どきの起業に感じる新しい時代の到来

人本経営を掲げて創業する会社が出始めている現実

２０００年あたりから人本経営を志す経営者が増え始め、２０１０年前後から人本経営に成功している会社が目立つようになってきました。このことから、人本主義社会が発展期に入ってきていると認識できます。そして、人本主義に極めて親和性の高い平成世代がこれから社会に登場してくることから、彼らを生かす人本経営を実践している会社はますます発展することが予見されるとお伝えしてきました。

この流れをより確信させてくれる出来事があります。それは近年、創業の時点から人本主義を強く意識して事業をスタートアップさせ、軌道に乗せることに成功している経営者が出現し始めていることです。

先日、フェイスブックに見知らぬ名前の方からのメッセージがありました。開くとこんなことが書かれていました。

「創業時からまだ3期目の小さな会社ではありますが、創業より私なりに理念経営を実践し、いい会社をつくろうと毎日悪戦苦闘をしております。そんな中で、ご著書を読ませていただきました。ご相談したいと思い……」

その会社のホームページを拝見して仰天しました。もう社員数が100名を超えているのです。事業所も10数カ所という規模になっています。

そして、「誰もが安心して暮らせる温かい街をつくることがこの会社の存在理由。よって事業のすべてはそれを実現するための手段であり、いかに収益性の高い事業であっても、この理念にそぐわない事業は一切行いません」と宣言されていました。明確に「業績軸」ではなく「幸せ軸」で経営を営んでいることが伝わってくるではありませんか。そして、さらに大阪に注目すべき経営者が登場してきています。

加速する人本主義社会――株式会社八百鮮

「自分たちの世代は多感な時期、ＩＴバブルが盛り上がってマネーゲームがさかんに行われるような時代だった。経営イコール金もうけで、金もうけできる人間こそえらいという拝金主義的なにおいが充満していた。そんな時代にあって山本さんの語る経営は、数字やお金では測れない『人間の本来生きるべき道』に通じているように思えた」

まさしく人本主義の価値観を標榜しているのは株式会社**八百鮮**の代表、市原敬久社長です。山本さんとは山本憲司教授のことです。松下幸之助氏の愛弟子で、松下経営学を学生たちに教えています。事業を起こそうと決意していた市原社長は大学の経営学部に進学しましたが、机上の空論になじめず欠席がちな日々を過ごしていたといいます。

そんな中でゼミの教授として出会ったのが山本教授でした。経営は人を幸せにするためにあるという教えにいたく共感した市原社長は、フィールドワークの一環で「クロネコヤマトの宅急便」の生みの親であるヤマト運輸株式会社の故小倉昌男会長に会いに行きました。

工賃月１万円からの脱出を目指し、障がい者雇用の非人道的な現状を打破するために設立したスワンベーカリーの創業ストーリーを聞き、山本教授と同じことを言っていて、かつ事業として現実化されていることに心打たれ、自分もいつか社会に本当に役立つ仕事がしたいと決意を固めたといいます。同じ志を持ったゼミ仲間と将来必ず事業を立ち上げようと約束して、社会人としてそれぞれの道へ就職していきました。

卒業の時の約束は、3年たったらまた会おうということでしたが、現実には6年後の再会となりました。市原社長はスーパーの副店長としてキャリアを積んでいました。そして、乗り出す事業は八百屋、魚屋にしようと考えました。理由は、フェアに競争ができる業界だと感じたからです。どこの店でも同じような品ぞろえで同じようなことをやっているので、最終的には何が決定的な差になるかと考えたら「人」しかないと気付いたといいます。「人」で差がつくなら成功できると思えたそうです。

自分たちが成功することで大きな会社にプレッシャーをかけたい

2010年12月1日「株式会社八百鮮」が誕生しました。誓い合ったゼミ仲間3名と発達、精神障がいのある障がい者3名を雇用してのスタートとなりました。障がい者の雇用を生み出すための事業ですから、創業時点から雇用するのは道理なのですが、勇気のいることだったでしょう。

事業が軌道に乗るまでの6カ月間は試行錯誤の連続でしたが、業界の常識を破る低販売管理費率を実現することで仕入れにかける原価を潤沢にすることに成功し、良品を無理せずお値打ち感のある価格で販売する体制ができました。徐々に地域の住民に評判が広がり、今ではいつも店は客でごった返し、夕方には売り切れ続出という状態になっています。

筆者は2013年8月に初視察に行きました。当時、すでに店舗2店、売り上げ3億円、社員数11名、うち障がい者が4名も雇用されていました。半年後再訪しました。わずか6カ月で、社員数は20名、うち障がい者5名と、雇用が促進していました。そして3店舗目のオープンを2014年春先に控えていました。急成長するといろいろと問題が生じてきますよ、と老婆心から助言をしましたが、新規出店も「ぜひ当地区の商店街にも出店してほしい」と乞われての事業発展だということでした。「幸せ軸」の会社づくりが、すでに地元の共感を呼んでいるのです。

「自由競争の中で、株式会社で障がい者雇用を拡大していく経営が本当に成立するのか挑戦し続けています。こんな小さな会社でもきちんとうまくやれているのに、大きな会社は何をやっているのか、というムーブメントが起きれば世の中が変わっていく」と、市原社長は熱く語っていました。

八百鮮は世の中のどのようなことで役立っていくのか会社の存在理由を明確にして、社員第一主義の「幸せ軸」に則った経営を実践し、顧客や地域から共感され、持続していくための手段として正しく利益を確保することを実現しています。

創業間もない企業でもこれを実現できるという、この八百鮮の事実。これからは人本経営こそが「成功する事業モデル」であると断言できる事例です。

本章を読んで、確かに新しい大きな時代の変革が始まっているということを感じていただけましたでしょうか。ぜひ、「幸せ軸」の人本経営へ舵を切っていきましょう。

株式会社八百鮮

本社大阪府大阪市。市原敬久代表取締役社長。「幸せな人生」とは、「感動」をたくさんすることだと考え、「食」を通して地域のお客様に「感動」を届けることをミッションとして活動中。また「職（働くこと）」を通して感動を創造することを目指し、創業当初から障がい者雇用に積極的に取り組んでいる。仕入に徹底的にこだわりを持っており、お客様に喜んでいただくために品質・鮮度・値段のどれにおいても一流であることを志向し実現してきている。

第3章

理念に「幸せ軸」を強く反映させる

1
本気で「幸せ軸」の人本経営を志す

目先の売り上げにこだわらない決意を固める

人本経営の重要性に気付いたら、あとは実践あるのみです。実現できるかどうかはリーダーの本気度にかかってきます。これにより80％は決まると言っていいくらい重要なファクターです。経営者でなくても、管理職やリーダーの立場ならば、自身がマネジメントできる職場の単位で実践は可能です。経営者が「業績軸」だからと諦めるのではなく、自部署で「幸せ軸」の職場づくりを図ってほしいのです。人本経営で自部署のメンバーがイキイキと元気になり業績が上がってくれば、経営者もその重要性に気付き、会社全体に波及させていくことができるはずです。
では、本気とはどういうことでしょうか。それは、目先の売り上げにこだわらない決意を固め、恐れずに実践していくことです。このような例は枚挙にいとまがありません。

危機的状況時にこそ見せた経営者の背中と心
――株式会社サイベックコーポレーション

2000年頃、発注元の大手企業がこぞって海外に進出したことで大きな構造変化に見舞われた、長野県塩尻市にある株式会社**サイベックコーポレーション**。競合他社は続々と海外移転していきましたが、同社は海外に行く決断をしませんでした。目先の売り上げ欲しさに出ていくことは簡単、しかし一回出てしまったら、戻ってくるのは出ていく何倍も難しいだろうと考えたのです。やはり自分たちは日本でのモノづくりにこだわりたい、この地域に根付いた会社でありたい、と。

同社では先代から続く〝社員イコール家族〟の「人を大切にする」経営理念が息づいていました。その思いが、この地で雇用を守りながら世界の市場で戦っていくためには自分たちが変わり続ける以外にない、環境のせいにして進化せず止まってしまったら終わりだと決意させました。

自分たちの持っている金型技術を、それまでの薄物だけでなく厚物にも生かせるようになれば、自動車業界でニーズを生み出せる、と挑戦を始めます。当座は海外へ出て行ったかつての発注元の弱電メーカーもノウハウには困るはずだからと、事業転換を進める間、弱電技術の供与で収益をつなぎ窮地をしのいでいきます。当然のごとく売り上げ・利益は下がりましたが、ノウハウビジネスはローコスト事業であったため、ゴーイングコンサーン（継続企業の前提）を守る利益は確保することができました。事業転換する時にはこのことがとても重要だと、平林巧造社長はおっしゃっています。それでも3年は厳しい経営状況が続き、修羅場の日々であったそうです。40人の社員がいれば、その妻や子供も含めて3倍の数の人間を食べさせていかなければなりません。自分は水だけでもいい、社員にだけは生活保障をと考え、実際に実践してきました。

そういう姿が社員に伝わらないわけがありません。絶対にこの会社を再建させると、一体感にさらに拍車がかかったに違いありません。

自動車部品の分野に参入した同社は、提案型の企業を目指していきました。同社には営業というセクションがないそうです。代わりに設計・開発・提案型の営業などをこなす、バリューテクノロジー（ＶＴ）研究所があります。ＶＴ研究所は２０００年に設立、製造工場の中にあり、現場に直結した研究所というユニークな体制を取りました。同研究所の所員は10人で、一人一人がさまざまなスキルを持っています。所員は顧客の設計・開発部門に対し、板鍛造の優れた点や既存の製造法から板鍛造に切り替えた場合のメリットを伝え、顧客と共に部品の設計段階から関わり、専用設備の開発からモノづくりをサポートしていきました。

そしてプレス加工では困難とされていた「サイクロイド減速機」を、板鍛造によって創り出すことに成功します。とても金型とは思えない部品が次々に生産されていきます。発注者側は品質が良ければ製法は手作業でなくともこだわりません。もちろん手加工品よりも廉価で提供できます。発注者側が放っておくはずがなく、今では自動車部品関連が主軸商品となり、抜群に安定した経営基盤を築くことに成功しているのです。

人生一度きり、縁のあった社員の幸せを念じて

人は社会人になったら会社に入る人がほとんどです。だから会社での時間がどれだけ大切か、平林社長はいつも社員に語りかけているそうです。社員みんなが自分の人生は良かったと思って最後の日を迎えてほしいとの想いからです。だから子育ても奥さんに任せっぱなしではなく、一緒にできる環境をつくりたいと、交代勤務制は敷かず、通常勤務だけで経営を回しています。年に1回家族に工場見学をしてもらい、5年に1回は社を挙げて海外旅行をし、一緒に行ける

家族はぜひ同伴してほしいと歓迎しています。

同社でもやはり、社員持ち株制度が確立されています。しかし日本食研ホールディングス同様、平林社長もきっぱりと言います。「上場しないことは決めている」。社員イコール株主とすることで「自分の会社」という意識を多くの社員に持ってほしいと願っているのです。

さらに同社の社屋には、この規模の中小企業としては珍しく体育館が設置されています。ゴルフ練習機、バスケットボールのゴールや卓球台など、これが会社かと思う設備でした。こんなところからも、この会社が何を大切にしているのか、よく伝わってきました。

株式会社サイベックコーポレーション

長野県塩尻市。平林巧造社長。超精密部品の金型開発およびプレス加工業。従来から金型の独自技術で高い評価があり経営は安定していたが、2000年頃に発注元がこぞって中国などへ進出し、大きな構造変化に見舞われる。中国に行く決断をしなかった同社は、苦労の末、全社一丸となって危機を乗り越え、日本でのモノづくりにこだわり続けて快進撃を続ける。

経営理念「一灯照隅」を貫く――昭和測器株式会社

東京で振動計測装置の製造販売業を営む**昭和測器**株式会社の鵜飼俊吾社長には苦い経験がありました。以前の事業で、家業の倒産で苦労した経験から利益追求に偏り過ぎ、経営を傾かせてしまったのです。しかしこれが教訓となり、あらためて「企業経営とは何か」を考え抜き、「一灯照隅」という経営理念を土台に据えた現在の会社をつくり上げました。この経営理念には、隅を照らす小さな光でも自らが発光し続けていくことで、社会が確実に明るくなるという想いが込められています。

鵜飼社長は語ります。「大きくしよう、ではなく、小さくとも少しずつ良くなっていくことを心掛けて、心のつながり、顔と顔、社員の家族にまで目が届く規模で経営をしていきたいと考えています」。正しい理念なく大きくすると人が道具に変わってしまうと社長は戒めているのです。

あのバブル期に株にもゴルフ会員権にも不動産にも手を出さなかったので「おまえはここでもうけないで、いつもうけるのだ」と、当時は経営者失格とさえ周りから言われたそうです。しかし、しっかりと自分の事業を育てることにコツコツ専心し、今では無借金経営、売上高経常利益率は毎年10％、そして自己資本比率が80％超という盤石の会社をつくり上げています。想定外のことが起きる世の中ですが、鵜飼社長は「3年間受注がゼロでも問題なく経営が続けられる」とおっしゃっていました。絶対に社員をリストラしないと覚悟を決めて経営指揮を執っています。自主・自律・創造の精神を柱に社長が自ら率先して理念に基づく行動を体現し、決して浮利を追わない経営を実践することで、社員との信頼関係が深まり、理念の浸透、そして「企業力」の向上につながっているのです。

昭和測器株式会社

東京都千代田区。鵜飼俊吾社長。振動計測装置、振動監視装置等の製造販売業。社員数26人という小さな企業ながらも、携帯型振動計の分野では国内シェア60％を有するトップ企業。最先端の技術に特化し、100万分の1㎜の揺れを抑える技術を有し、人工衛星用の加振試験のアンプにも使われている。

目先の売り上げより社員を守る——株式会社ベル

大阪でビルメンテナンス業を展開する株式会社ベルの奥斗志雄社長はこう語ります。「誰もが掃除のおばちゃんの笑顔やあいさつよりも、きれいなトイレであることを求めます。今まではそれでよかったでしょう。ところが最近はホテルにも居酒屋にも『泊まる』『飲み食いをする』といった基本価値の比較ではなく『笑顔とあいさつ』『癒やし』『ニーズの先読み』といった付加価値の部分でのお客様満足が求められるようになってきました。自分たちの業界もそのような時代になっているという認識を持っています」。

そこで「そこまでするか！」「さすがプロ！」と言われる感動レベルのサービスを行うことをコーポレートスローガンに掲げ、お客様からいただく「ありがとう！」を自分たちの誇りとすることを共通の価値観として、全社員と共有していく方針を決定しました。そのための経営理念には、「自らの幸せ創造のために、人と人とのつながりを大切にして、日々の仕事を通じて技能・人格を磨き上げること」と定め、社員の人間力を向上させる取り組みを最重点課題としました。

社員は社会の財産

奥社長は社員のことを「社会の財産」とまで定義付けています。会社は公器という意識を持っている経営者は少なくありませんが、さらに社員は社会の財産とまで明言した経営者はそう多くないでしょう。そこまでの高い意識でいることで「人づくり」にかける情熱や思い、レベルが変わってくるであろうことは容易に想像できます。

ある時、取引先から「カネを払っているのはこっちだ」と言わんばかりのぞんざいな扱いを受け、つらい思いをしている社員がいることを知りました。奥社長は本気で行動します。その社員と共に先方へ出向き、大切な社員に御社で仕事をさせるわけにはいきません、と契約を打ち切ってきたのです。その社員は感極まって泣き出してしまったそうです。まさしく、社長の背中と心が感じられたことでしょう。こんな本気の覚悟が、職場の絆を強くしていきます。

ベルが人本経営の実践を志し、一大決心をして会社を大きく変える取り組みを断行したのは2000年のことでした。奥社長いわく、腹をくくった、とのこと。その言葉は、それまでワンマンタイプだった社長自らが変わることを意味していました。売り上げのことを言わず、一人一人の人間力を高める経営に対する思いを、とにかく語り続けていくことにしたそうです。

「その時は、本当にこの経営で結果が出るのかは分かりませんでした。とてもしんどかったけれども信じるしかなかった」

しかし、正しい経営は必ず開花するのです。あの時、変わらなかったならば今のベルがないことは確かでしょう。

株式会社ベル

大阪府東大阪市。奥斗志雄社長。ビルメンテナンス業。社員数160名。人を大切にしている会社の雰囲気は、ホームページからも伝わってくる。表彰制度が有名で全国から視察が後を絶たない。奥社長は2000年に一大決心をして、会社を大きく変える取り組みを断行した。さまざまな苦労がありながらも、ようやく理想とする社員一人一人が輝く職場が育ってきた。

2009年度関西経営品質賞奨励賞受賞。

2
人本経営に成功する前提条件

手段として正しく利益を確保するために

本気で人本経営に取り組む意思が固まったら、いよいよ行動です。しかし現在のビジネスの収益性が高くなければ、人本経営の実践は厳しいでしょう。よって、まずしっかりと収益の上がるビジネスモデル、商品、サービスがあることが前提条件です。それは人本経営以前の問題です。

そうはいっても、どう収益性を高めていくか、これは悩ましい課題でしょう。そこでヒントです。せっかく、これから人本経営の実現を目指すのですから、人本主義社会において収益が上がる方向に、事業自体もイノベーションすることができないか考えてみてほしいのです。

ポスト資本主義として人本主義社会が発展してきていることから、今後何が起きるか予測すると、人本主義社会の価値観、ニーズにあった新しい商品やサービス、ビジネスが誕生してくることは間違いありません。さらには今までの概念では説明できない新たな仕事、事業、コミュニティー、それらをもっと超えたサムシングエルスが創造されてくることになるでしょう。これからの人本主義社会に必要なモノ、コトはまだ今はほとんど存在しておらず、これからのテーマです。今の職業や仕事を、人本主義社会のニーズに応えるための「用途開発」で考えてみることで、今まではなかったけれども、お客様が飛びついてくる商品がたくさんできる可能性が大いにあります。

既存顧客を失うことを恐れず仕事の意味を捉え直す

例えば、筆者は社会保険労務士をしています。ヒトの専門家といわれている職業で「幸せ軸」のニーズに応えるにはどうしたらいいのか考え抜いて出した結論は、職場での労働紛争解決処理をするのではなく、決して労働紛争が起きない健全な職場づくりに貢献すること。そう仕事の意味を捉え直して自分なりに新しい仕事を創造し、そして顧客へメッセージを出していきました。
私がこの決心をしたのは2008年のことです。当時の反応は散々なものでした。「経営理念のことなら他に頼む」「もっと会社寄りに立って仕事をしろ」「きれいごとだね」などと揶揄され、既存顧客の半数を失いました。でも、それでいいと感じることができました。自分の生きる道を見つけ本気モードに入っていましたから、理念にそぐわない目先の利益への執着心はなくなっていました。かえって嫌な仕事が減り、空いた時間で新しい仕事を考えることができると肯定的に捉えました。

信念を貫き一歩一歩継続していくと、「その通りかもしれませんね」と顧問先が変わってくださったり、「いいですね。お願いしたい」と新たなご縁が生まれていきました。

そして、その後「社風をよくする研修」「いい会社ベンチマーク事業」「幸せ軸人事考課制度コンサルティング」「いい会社を地域に増やすための行政機関と連携した各種プロジェクト」「公共調査事業」「大学での非常勤講師、高校キャリア授業」「人を大切にする経営の雑誌連載」「人本経営の書籍刊行」など、次々に新しい仕事が創出されてきました。現在では、変化した当時をはるかに超える優良なお客様に恵まれています。「人を大切にする会社づくりのトータルプロフェッショナルサービス」が、私がたどり着いたマイサムシングエルスとなりました。

共感が人本主義社会の最重要価値

仕事を「幸せ軸」で捉え直したことで何が起きたのかというと、人を大切にする経営が結果として持続可能な会社づくりを実現させて多くの人の幸せを生み出すということに、多くの経営者や自治体が「その通りだよな」と共感してくださり、ご縁が生まれていったのです。

人本主義社会では、豪華な設備や高いインテリジェンスよりも、この「共感」が最重要の経営価値になることを痛感しました。言っていること、やっていることに「いいね」「素晴らしい」「そうありたい」「そう思う」と共感することで、人々は行動を起こします。逆に言うと、共感されない仕事は長続きしない時代になったのでしょう。

どんな業種でも、今の仕事を人本主義社会で必要とされるように意味を捉え直すことで、蘇生してくる可能性が非常に高いといえます。それは、これから創業する場合でもまったく同様です。そう捉えると、ものすごくワクワクする時代にいると感じられませんか？

これまでの「業績軸」経営の重点・機能		これからの「幸せ軸」経営の重点・機能	
採用	能力・テクニック／競争でふるい落とす	縁結	価値観・人柄／共感し合う
評価	業績への貢献・成果／査定	考課	風土への貢献・対話／フィードバック
報酬	金銭的裕福度／格差による動機づけ	報酬	精神的幸福度／役立ちのモチベーション
異動	会社の人事戦略／収益性の改善	孵化	社員の自己実現／可能性の追求
教育	スキル・知識重視／人材育成	共育	人間力・社風向上／人財共育
労務	管理・効率向上／支配型リーダーシップ	風土	支援・家族的絆力／サーバントリーダーシップ
代謝	リストラ／人件費制御	※	生涯現役／人間性尊重 ※対応する概念なし

図表２　経営人事の領域で起きてくると予測できる変化

経営人事の領域で起きてくる変化

筆者が仕事をしている「経営人事」という領域でも、変化が起きてくると予測できます（図表2）。

これまでの「業績軸」の企業経営では、左側にあるように採用から代謝への流れが教科書的に言われてきた重点と機能でした。しかし、「幸せ軸」の人本経営では、右側にあるような重点や機能が求められるようになってくると考えられます。今まで当たり前のように必要とされていた人事制度や労務管理の手法・ルールに代わって、人間の可能性を最大限に高めるための新たな思想に基づいたサムシングエルスが必要になるのです。

本書もその一環ですが、より多くの企業が人本経営に成功していくために必要なモノ、コトは、まさしくこれから創造していくことになります。リアルに歴史的転換の場に立っているのです。先の大戦前には考えられなかった新しい産業や商品、サービスが戦後に花開いたように、人本主義社会の発達とともにさまざまな新しい機会が噴出してきます。ご自身の職業、仕事の人本主義社会における役立ち力を高めていくにはどうすればいいのか、真剣に考えてみましょう。ここでそのことを実践している歯科医院の事例をご紹介します。

仕事の本質に気付き劇的に変わった歯科医院
――ヨリタ歯科クリニック

歯科医院の来院患者は1日平均20人、30人来院すれば成功とされるそうです。そんな業界のアベレージをはるかに超え、毎日150人～160人もの患者が殺到しているクリニックが東大阪にあります。人本経営に舵を切ったあの大企業もベンチマークしている歯科医院です。その名は**ヨリタ歯科クリニック**。ワクワク楽しい歯科医院をつくることを理念に活動しています。まさしく「幸せ軸」経営を地で行っている歯科医院です。

なんとライバルはディズニーリゾートだそうです。ディズニーリゾートの1日の平均来園者は5～6万人といわれています。全国に1日50人来るような成功している歯科医院が1000軒あれば、ほぼこの人数に匹敵します。そこがワクワク楽しい場所になればディズニーリゾートと同じ状態がつくれる、と院長であり経営者でもある寄田幸司氏は本気で考えているのです。

全国にヨリタモデルを拡散していくために、グループ医院制を実施したり、同業者に経営ノウハウをフルオープンしたりしています。人を大切にする経営に成功した人本経営者の共通の特長でもありますが、ヨリタ歯科クリニックも業界全体を良くしていこうとする志向性が強く出ています。

このヨリタ歯科クリニックも、最初から順風だったわけではありません。これからは歯科医にも接客が大事になると直感していた寄田院長は、学生時代からあえてホテルマンなどのバイトをしてホスピタリティを学んでいました。ですから開業後も評判が良く、患者さんの獲得は順調でした。しかし、寄田院長いわく「患者ばかり見ていた」そうです。スタッフ3人で開業しましたが、ある時、「働きがいがない」といっぺんに辞めてしまう事態が起きました。予約、受付、治療、会計を全て自分でやらなくてはならない日もあったそうです。その後も採用してもすぐ辞めてしまい、どんどん人が替わっていきましたが、同業者にはそんなものだと言われました。10年もそういう状態が続いた頃、自分と一緒に働いていても楽しくないから辞めていくのだと気付くことになります。

そして、本業においても大きな悟りがありました。日本人は清潔好き、朝晩もきちんと歯を磨く人が多い。にもかかわらず欧米に比べ高齢になった時に残っている自分の歯の数が少ないということは、根本的に歯科の治療に問題があるのではないかと感じたのです。

業界の常識を覆す「削らない歯科」への挑戦

一度歯を削ると、何年かしてまたそこから虫歯になったり、せっかく詰めたものが取れたりすることがよくあります。寄田院長は言います。「いかに高度な治療に情熱を注いでも、虫歯や歯槽膿漏がなくなりませんでした。ここでやっと気付いたのです。歯を削れば削るほど、治療すればするほど、新たな虫歯や治療が増えることに」。

自身の仕事についての本質を見抜いたのです。これまでの歯科療法は根本的に間違えていたと気付いた寄田院長は、削らない歯科医を目指すことにしました。予防歯科をクリニックの軸に置いたのです。軽度の虫歯は、歯を強くしたり生活習慣を改善したりすれば、削らなくとも元の健康な歯に戻すことができるというのです。

歯槽膿漏から歯を守るためには歯磨きでは限界があり、歯科医での定期的なクリーニングで長く口の健康がキープできます。しかし予防処置には保険が適用されなかったり、されても点数が低く経営的には厳しいものがあります。ですから、現在でも多くの歯科医院では予防歯科よりも歯を削る治療が優先されているのです。しかし、本質を見抜いた寄田院長は、人にとって真に幸せをもたらすのは予防歯科以外にないと信念を持って方向転換をしていきました。

予防歯科という軸では、必然的に主人公は歯科医から歯科衛生士になります。歯科衛生士をはじめとしたスタッフが心から楽しいと思える職場を本気でつくろうと試行錯誤し、現在のヨリタ歯科クリニックが形づくられていきました。

定期的に患者さんが訪れて、歯科衛生士がケアをして、生涯虫歯や歯槽膿漏で悩むことがない歯科医院をつくろうという想いから「ワクワク楽しい歯医者」という理念が生まれました。一生自分の歯でいられたなら、こんなに幸せなことはありません。人本主義社会で求められる歯科医院の在り方として、これ以上のものはないと言って差し支えないでしょう。この理念があるから、ヨリタ歯科クリニックでは特に子供たちを大切にしています。院内には子供たちが喜んで、また行きたくなるような仕掛けがされています。予防の大切さを子供の頃から意識付けているのです。痛い思いをせず楽しいのですから、子供たちは定期的に通うようになり、やがては生涯顧客になっていきます。

そして、予防の意識が芽生えると、歯に対する価値観が変わるのだそうです。患者さんは歯や口周りの健康に対して投じる費用について惜しむことがなくなり、その結果、保険適用外の診療が大幅に増加しました。これが利益の源となって、今、返ってきているのです。まさしく手段として正しく利益を確保することを実現しています。ヨリタ歯科クリニックでは見事な善循環経営が実現されていました。

ヨリタ歯科クリニック

大阪府東大阪市。寄田幸司院長。医療法人社団ゆめはんな会。感動を与え続ける歯科医院、感謝の言葉があふれる歯科医院、ワクワク楽しい歯科医院が実践されている。大阪市、奈良市、京都市、生駒市には同様の経営理念で歩むグループ歯科医院がある。寄田院長は全国に仲間を増やすため「ワクワク楽しい歯科医院実践会」の代表を務め、全国各地で歯科医院経営者やスタッフに対してノウハウを公開するセミナーを開催している。

ユニバーサル市場の大いなる可能性

すでに人本主義社会のニーズとして出現してきている市場があります。ユニバーサル市場です。障がい者や高齢者の利便性、使いやすさという視点から、バリアフリーのコンセプトで製品やサービス、施設がつくられています。さらに進んで障がいの有無にかかわらず、全ての人にとって使いやすいように初めから意図してつくられた製品・情報・環境のデザインはユニバーサルデザインと呼ばれています。

人を大切にする人本経営を実践している会社をベンチマークしていると、ユニバーサルデザインの商品開発に成功している会社が多いことに気付かされます。いくつかご紹介しましょう。

平成生まれの企業家、垣内俊哉氏は、先天性の骨形成不全症で車イスの生活を余儀なくされています。同氏は2010年、株式会社**ミライロ**を設立しました。世の中では一見、障がい者に配慮されたような街づくりやインフラ整備が進んでいるように見えます。ところが、使い勝手の良くないバリアフリーがことのほか多いそうです。設計や企画の段階から障がい者が関わっていることが少ないことがその要因だと考えた垣内社長は、自分たちがコンサルテーションをしていくことで世の中がもっと良くなるはずだと事業を起こしたのです。自分たちの提案により使い勝手の良いバリアフリーが広がれば、車イスの障がい者だけでなく、足が不自由な高齢者やベビーカーで移動する子育て中の家族にだって快適さを提供できるようになるはずで、そこに大きなビジネスチャンスができると垣内社長は言います。

実際、大阪のある駅では、駅へのアクセスや構内での移動を快適にするために設備投資をしたところ、駅の乗降客が増え、近辺の商店街などに投資額の5倍の経済効果があったということです。自分たちの障がいはバリアですが、それが価値を生み出す源泉になるということで、「バリアバリュー」を理念に事業を進めています。レストランやセレモニーホール、大学など多くの引き合いを得て、創業以来、堅調な業績を上げ続けています。

現在の商品をユニバーサルデザインとして用途開発する

『日本でいちばん大切にしたい会社』でも紹介された香川県の**徳武産業**株式会社では、有名な「あゆみシューズ」が大ヒット商品になっています。もともと同社は学校で履くような上履きを作っていたのですが、ある時期にスリッパが合わず転倒事故が相次いだ高齢者養護施設から依頼があり、足の悪くなった高齢者でも快適に歩行ができるようにと試行錯誤して新商品を開発しました。高齢者のケアを行う施設にもたまに視察に出かけることがありますが、一見して高齢者の8割はこの「あゆみシューズ」を愛用しているのではないかと感じます。聞くと「やっぱり、これでないとね」とにっこり笑顔が返ってきました。

同じく香川県にある株式会社**スワニー**が作っているウォーキングバッグ（4輪式キャリーバッグ）もまた、足に障がいがあって歩行に苦労している人や、外出がつらい高齢者の体を支えることを目的として作られています。同社の主商品は手袋ですが、繊維という共通項から新商品を開発しました。ファッション性を加味することで、おしゃれに気を使う中高齢女性のファンをたくさん生み出しています。なくてはならない商品を作ってくれてありがとう、というレターが今日も届きます。同社の取り組みについては、共著で出版した『人に喜ばれる仕事をしよう』（WAVE出版）で詳しく紹介していますのでこちらもお読みください。

やはり四国の愛媛県にある**ウインテック**株式会社では、蛇行修正装置を製造しています。この装置は不織布の生産ライン用に特化しており、確実な生産を確保できるように完全自動の無人化機械です。そして大手企業が商売相手ですが、世界一の商品のため、対等な取り引きができています。この装置が活躍しているのは紙おむつの生産ラインであり、駄場元定生社長は「紙おむつ製品の85％は、わが社の装置を使って製造されている」とおっしゃっていました。紙おむつといえば赤ちゃんですが、さらに近年では高齢者用の用途でも非常にニーズが高まってきています。これもまた、ユニバーサルデザイン領域と見なすことができるでしょう。

人本経営だからこそユニバーサルデザイン事業化に成功する

パンティストッキングを製造している会社にも行きました。いまやファッションのストッキングは中国製造のものに圧倒されていて、とても太刀打ちできません。そこでこの会社は、医療機器取扱商品として用途開発を図りました。リンパ浮腫に悩んでいる患者向けストッキングの製造に活路を見いだしたのです。わが国にはリンパ浮腫の患者が30万人いるそうです。一人一人の病状が違うため、出荷ベースの約3割をオーダーメード商品が占めているとのことです。

高度成長時の大量消費社会の発想をしている限り、これからの時代に必要とされる商品開発は望めないでしょう。ユニバーサルの事業化には手間暇がかかります。温もりも必要です。人を大切にする風土のある会社でないと、いい商品はできません。逆に言えば、人本経営を実践している会社だからこそ、ヒット商品を誕生させることができるのだと考えられます。

ユニバーサル市場の規模は現在3兆円を超え、2025年には16兆円に達するという試算結果もあります。人を大切にする人本主義社会で発展が約束された市場です。

「いいものをつくりさえすれば売れる」はまったく根拠がない

利益は健全経営をした結果であって追うべきものではない、というのが人本経営の理想の姿です。それを実現するために、まずは利益が出る方向へ経営の舵を切る必要があります。

いいものをつくりさえすれば売れる、という言葉にはまったく根拠がありません。いい会社になることを目指して、いい会社が取り入れている経営手法を模倣しても、業績という結果につなげられる企業とつなげられない企業、一体どこにその差が出てくるのでしょうか。

過去に行った調査の中から、いい会社の特長として抽出できる以下の4つの項目で、業績が良い会社とそうではない会社を比較してみました。

「経営理念を明文化している」

「離職率が低い」

「経営理念の共有化、コミュニケーションの円滑化のために朝礼や夕礼に取り組んでいる」

「社員のモチベーションを高めるために何でも言える組織風土づくりに取り組んでいる」

いずれも人を大切にする会社なら実践していることです。それでも業績が出ない会社は、業績が出る会社とどこが違うのか分析してみると、面白いことが見えてきました。

経営理念を明文化していてももうかっていない会社は、社員への浸透に関する取り組みをきちんと行っていない場合が多く、唱和すら定期的にしていない割合がかなり高いという結果が出たのです。また、離職率は低いけれどもうかっていない会社は、正社員1人当たりの教育費が好業績企業と比べると3分の1以下しかないと、開きがありました。さらに朝礼など対話を重視していてももうかっていない会社は、権限が明確にされていない割合が高いという結果が見て取れました。そして、何でも言える組織風土づくりを目指しているもののもうかっていない会社は、新商品・新サービスの開発件数が年間10~49件ある好業績企業に比べて、20ポイント以上低いという結果になっていました。表面的にいい会社にしているだけでなく、何が本質的に大事なのかということを意識しておく必要があることが、このことからも分かります。

いい会社だけどもうかっていない会社の特徴

どの調査項目でも相関が出たことをまとめておきます。

◆経営理念を明文化していても社員への浸透に関する取り組みを特に行っていない。唱和すら定期的にしていない

◆研究開発費がほとんどかけられていない

◆教育投資に消極的

◆新商品新サービスの開発が少ない

◆決裁権限があいまい

◆障がい者雇用に消極的

◆残業時間が極端に長い（適正な労働時間体制になっていない）

このような状態にならないことを意識して、人を大切にする会社づくりに励んでいきましょう。売上高経常利益率5％以上の会社には、研究開発費が売上高の2％程度、教育費は1人当たり年間3万円程度計上している会社が多いのです。

3

「幸せ軸」を全員で共有する～筆者指導事例の紹介

幸せ制作会社――株式会社ヘッズ

本項では、筆者が人本経営の伝道を実践してきた中で、実際に「幸せ軸」を全員で共有している事例をご紹介していくことにしましょう。

社是をずばり「幸せ制作会社」と銘打った会社があります。その会社は株式会社ヘッズといい、大阪府阿倍野区にあります。1985年に創業し、業務用資材、企画・制作、販促用品、ラッピング用品の企画・制作を手がけている会社です。筆者は2010年から同社が「幸せ軸」の経営を実現するためのお手伝いをさせていただいています。

同社の経営理念は「多くのしあわせを創りだすことにより社員がしあわせになり、支持され、成長する会社になる」です。この経営理念がまさしく根付いていることを、同社を訪れた方はオフィスに入った瞬間に感じるでしょう。なんともいえない居心地の良い空気が漂っているのです。そして、応対してくれる社員のフレンドリーな態度と笑顔にたちまちファンになってしまうのです。社員55人の小さな会社ですが、一人一人の社員の心に「幸せ」というこの会社が大切にしているものが落ちていて、それがハートフルな職場の雰囲気をつくり出しています。

一切のぶれなく人を大切にする経営を追求

同社をここまでに発展させてきた暮松邦一社長は、社員を幸せにしてモチベーションを高め、成長させていくことで、お客様やお取引先、会社に関わるより多くの人々に幸せが拡散できると完璧に信じ、経営の舵を切ってきました。業績は創業以来27年間、堅調に前年を上回り、1人当たりの売上高が6000万円、自己資本比率は70%と、堂々たる結果を出し続けています。しかし、そのプロセスにおいて社員の離職が止まない時期がありました。このままでは持続可能性が低いと考えて、2010年に今の社是、経営理念を制定しました。

制定した社是を浸透させるために毎月1回、全員が参加する経営理念勉強会が開かれています。勉強会では、『日本でいちばん大切にしたい会社』などの良書の読み合わせ、いい会社のＤＶＤの視聴、人間力を高めるための気付きのワークなどのほか、後半に参加者が3分間スピーチを行っています。スピーチした人には、次の人の指名権が与えられます。指名する際には、日頃感謝している点、あるいはその人の良いと感じる点を紹介するエピソードを発表し、リレーしていきます。こうして一人一人の気付きや思いをシェアしていく時間を取ることで、心がとても満たされる時間となります。こんな感想がほとんどの参加者から出てきます。

「毎回、研修を受けるたびに日々の行動や言動を振り返ることで、見直しができるように思います。気付かされることがたくさんあります。自分を見つめ直す有意義な時間です。ありがとうございます。一つ一つ学んだことを実践できるよう努力していきたいと思います」

人を大切にする経営に成功するためには、この心の状態を良くする相互理解促進の時間が不可欠です。他の人のスピーチからの学びの効果も相当なものがあります。こうして共感性を高めていくことで、絆がゆっくりであっても確実に職場に醸成され、数年も続けていくと、明らかな変化が会社に表れます。それは例えば、離職者が激減したり、職場の雰囲気の良さに惹かれて求職者が増えてきたり、あるいはお客様からの具体的な声となって届く、などです。

こんな仕事をするはずがない

こんなことがあったそうです。ある社員が梱包して送った商品をお客様が開けると、中がひっくり返っている状態でした。しかし、そのお客様はヘッズに対してではなく、運送業者にクレームを言ったそうです。「ヘッズさんがこんな仕事をするはずがない。もっと丁寧に運搬してほしい」と。日頃同社の社員がいかに心ある仕事をしているかが伝わってきます。

暮松社長の幸せづくりの挑戦はさらにパワーアップしてきています。2013年にはパート社員、そしてその家族まで参加し、総勢80名でディズニーリゾートでホスピタリティを学ぶ研修旅行を実現しました。また、本社の隣におしゃれなカフェレストラン風の社員食堂をオープンさせました。ヘルシーな昼食を社員に提供したいと考えた結果です。お金、手間暇はかかります。しかし、社是、経営理念がうそ偽りないと社員の心にどんどん落ちていきます。ヘッズの社員は今、モチベーション高く仕事をしています。

幸せ制作会社と社是変更し、「幸せ軸」に踏み込む

暮松社長は、毎月書いているメルマガで、弊社との出会いをつづられています。

「3年くらいで辞めてしまう社員が多かった。早期退職の状況を何とか改善したいと思いつつ、

日々の仕事が手いっぱいで何もできずにいました。そんな中、今から3年ほど前にある一冊の本と出会いました。それは小林秀司さんの『元気な社員がいる会社のつくり方』という本です。その本を読んだ私はいたく感動し、勉強になりました！感動しました！と感想を書いて一枚のFAXを著者の小林さんにお送りしました。……（略）……以来約3年間にわたり、小林さんに月に1度社員勉強会のために東京から弊社にお越しいただいています。

勉強会では主に〝何のために仕事をするのか〟といったことを学ぶのですが、毎回受講した社員たちのモチベーションが上がっているのが分かります。

また、その一環で社是も〝感動創造企業〟から〝幸せ制作会社〟に変更しました。そして、最近は少しずつ皆の中に落ちてきたのか、アクションが変わり始めています。

電話一本の応対が変わる　↓　お客様からのリアクションが変わる　↓　こういうふうに喜んでもらえているんだと実感できる　↓　よりよいアクションができるようになる

そんな好循環が生まれ始め、実際に辞める社員も減りました。一枚のFAXを送るというアクションで、会社の風を変えることができました」

「幸せ軸」に舵を切る時は、思い切って踏み込んだ方がより効果的なものになります。せっかく理念や社是を見直しても、何を言いたいのだろうと社員が迷ってしまっては効果は期待できません。踏み込むからこそ行動が変わり、会社も変わっていくのです。

株式会社ヘッズ

大阪府阿倍野区。暮松邦一社長。「カンタン・キレイ・便利」をコンセプトに誰もが同じように素早くできるラッピング資材を業務用として小売店様に販売している会社。ヘッズは資材を単なる「包装資材」ではなく、「販促資材」としての機能や仕掛けを持ったモノづくりをしている。会社の社是は「幸せ制作会社」。会社は社会の公器であるという考えと利他の精神で行動することにより、社員ならびに関係する方々全てが幸せになることを理想としている。

人として生きる力の源が育った保育園——石井保育園

東京都品川区にある社会福祉法人石井保育園は、顧問先では最も早くクレドを導入しました。「社風をよくする研修」も開始後6年となりました。東京都の行政区の割り当てを受けているので、売り上げや利益といった業績では人本経営の効果を推し量ることができません。しかし、人本経営が確かな経営であると実感できる出来事がありました。

社風を良くするコンサルティングを実施することになったきっかけは、その直前に職員の離職が相次いだ時期があったからです。毎月毎月重ねてきた勉強会は、60回を超えています。いつしか離職者は減っていき、あそこの保育園の職員は明るくて親切、という評判が立つようになり、とうとう離職者年間ゼロという誇るべき結果も残しました。業界的に離職者ゼロというのは驚異的なことと言えるでしょう。出産、育児のために休職した職員も、全員が復職しています。

2014年3月、初めて卒園式に招待されました。これまでも機会があったはずですが、誘われたのは初めてでした。なぜだろうと率直に思いましたが、いい機会ですので参加させていただくことにしました。

卒園式の当日、園に着くと、いつものようなトレーナーやエプロン姿ではなく、フォーマルな装いの職員のみなさんが動き回っていました。たくさんの保護者の晴れがましい姿もあちこちで見受けられます。やはり今日は特別な日なのだと実感が湧いてきました。いつも勉強会を実施している大きめの保育室に誘導され、用意された席に着きました。まず、在園児たちが明るい表情で入場、誰一人私語もなく、卒園児の入場を待ちます。間もなく、拍手の中を新1年生になる年長の15人の園児たちが入場してきました。みんなきちんとしっかりと歩いています。園長先生は一人一人に卒園証明書を略すことなく丁寧に読み上げて、将来どんな職業に就きたいのかと尋ね、それに対して激励の言葉を添えていきました。

あらためて感じた人本経営、理念経営の素晴らしさ

1時間余りの式でしたが、卒園する15人の子供たちの希望に満ちたキラキラした目、凛とした表情、そして自信にあふれた態度があまりに素晴らしくて感動してしまいました。

いくつかのイベントが式次第に従って進められ、やがて祝辞を、ということで指名されました。私はそのままを言葉にしました。

「みんな、卒園おめでとう。今日はみんなの目の輝きとりりしい態度に感動しています。小学生になってもこの保育園の卒園児であることを誇りに思って、いっぱい友達をつくってね。みんなならば絶対にできるから。保護者のみなさん、ここの職員に触れて、なんて感じがいいんだろうと思われたことは一度や二度ではないことと存じます。この教室で職員のみなさんと働く幸せについて学ぶことを続けてきました。幸せを実感している職員さんが日々、お子さんたちに愛情をたっぷりと注いでこられ、今日があります。私たちの保育園は『安心と信頼が根付いた保育園で、人として生きる力の源を日々創り続けます』ということを経営理念として大切にしてきました。お子様たちを見て、まさしく人としての源が確実に育っていると確信いたしました。今日は、お子様の成長に心からお喜びを申し上げます。卒園するみんな、今日

の夕飯の時に、お父さん、お母さんに『今日まで育ててくれてありがとう』って言えたら最高の一日になるよ」

保護者の代表謝辞でも、他の保育園に行っているお母さんからうらやましがられている、本当に感謝したいという旨の発言がありました。なるほどと思いました。初めて卒園式に招いてくれた理由が分かったのです。ここまでの保育園になりました、どうぞ見てください、という園長先生のメッセージだったのです。人本経営、理念経営の素晴らしさをあらためて感じました。やってきたことがこういう形で報われて、こちらも究極の幸せを実感させられました。

社会福祉法人朝日会　石井保育園

東京都品川区。石井久美子園長。商業地区にありながら、園に一歩入ると土の園庭と大きな桜の木があり、子供たちはその自然の中で明るく、元気に保育を受けている。家庭と保育園が共に一人一人の子供の成長を見守り助け合いながら、子供たちに命の大切さをまず最初に伝え、次に身心を鍛え、知を身に付けさせていくことを目指している。子供たちにとって豊かな社会性と人間性の土台づくりの場となるように努めている。

一石三鳥で地域の課題を解決
――株式会社パーソナルアシスタント青空

愛媛県松山市で、障がい者の児童デイサービスを手掛けている株式会社パーソナルアシスタント青空。もともとは玩具メーカーの下請けの製造業でしたが、下請けいじめに遭い経営が困窮状態となり、創業者のご子息である佐伯康人代表が経営の舵を取るようになって業容をガラッと変えました。大企業の下請けは金輪際懲りたということで、誰もが暮らしやすい地域社会づくりに貢献できる事業体になることを志し、福祉事業へ進出しました。現在は、居宅介護事業、訪問介護、福祉タクシー、児童デイサービス、就労継続支援事業と、手広く手掛けています。児童デイサービス事業も、預かるのは地域の知的障がい児や自閉症児などの障がい児童です。

農業で障がい者の自立支援

就労継続支援事業では、受け入れている精神障がい等の人たちを農業に従事させ、自立させようという試みを行っています。農業に従事している障がい者はみなイキイキしています。実は障がい者と農業は、かなり相性がいいようです。

佐伯代表が手掛けているのはただの農業ではありません。〝奇跡のリンゴ〟で著名な木村秋則さんに無農薬自然栽培の手ほどきを受けて、木村流農法を完全実践しているのです。米や枝豆、キュウリなど多岐にわたるオーガニック農産物が生産されています。筆者も食させてもらいましたが、お米などは市販されているものとは比べものにならないおいしさでした。地元のホームセンターに佐伯代表の農場の産品を販売するコーナーが設置されていたり、地元の飲食店が青空市を開設していたりして、そこで飛ぶように売れています。

全国の授産施設では障がい者に対して月にわずか10000円ほどの工賃しか支払われていませんが、ここではその6倍まで支払うことができているといいます。その秘訣は、ホンモノの農産物をつくっていることに加え、高齢で後継もない耕作放棄地を抱えている農家の田畑をほとんど無償で借り受けることができているからです。農家にとっては田畑が荒れずに済むので、大変感謝されているとのことです。

全国展開できる一石三鳥の事業モデル

素晴らしい取り組みではないでしょうか。どこの地域も農家の担い手が高齢化して耕作放棄地問題には頭を抱えています。半面、地域には障がい者がいて、十分なマンパワーがあります。そして、障がい者が作るものだからとお情けで消費者に購入を乞うのではなく、ホンモノの、消費者が欲しがるものを提供して、収益を上げていくのです。高齢化対策、障がい者雇用促進、地域活性化の一石三鳥であり、全国で展開できる未来創造型事業モデルといえるでしょう。

筆者は2012年5月から「社風をよくする研修」の実践、人を大切にするいい会社へのベンチマークの企画、実施などで同社と関わり、福祉サービスの仕事をしていく上で、心ある社員を育てていきたいという佐伯代表の想いを実現するサポートをしています。研修に参加している社員のみなさんからは次のような感想が寄せられています。

「いろいろな話が聞けて、心が豊かになった」

「勉強会では、その都度、人の気持ちや自分の考えなどあらためて考えることができ、〝会社にとって〟だけでなく人間として大切なことを学ぶことができました」

「毎回、納得があり心地よい時間を過ごせました」

「どの回もとても勉強になりました。周りの人に支えられて自分がいて、頑張れています。感謝を素直に伝えていきたいと思いましたし、返していきたいと思います」

デイサービスといった福祉系の仕事は、精神的にも肉体的にも、大変負荷のかかる職務です。しかも障がいのある児童が対象ということになればなおさらです。働くみなさんの心の状態が毎日良好であることが何より大事だと考え、心が元気になるようなプログラムを組んできました。同社でも離職者はほとんどなく、誰もがここで働くことに誇りを持っています。地域にとってなくてはならない存在になっている同社が、これからも元気な社員のみなさんの活躍で永続できるようご縁を大切にしていきたいと心しています。

株式会社パーソナルアシスタント青空

愛媛県松山市。佐伯康人代表。脳性まひの三つ子を授かったことを契機に、脱下請けで福祉事業を手掛ける。農業法人やNPO法人も設立。農業で障がい者の自立支援を行う。障がい者の就労を支援する就労継続支援B型事業、障がい者の移動や介護などの支援を行う居宅介護事業および重度訪問介護事業、障がい児の日常生活の訓練や指導を行う放課後等デイサービス事業・児童発達支援事業、高齢者（要介護者）の自宅介護を支援する訪問介護事業、障がい者および高齢者（要介護者）の福祉タクシー事業を展開。現在、事業所は松山市、西条市に4カ所。

三略会との出会い

2008年に社会保険労務士という仕事の意味を見直し、自社の経営理念を大きく変えたことを前述しましたが、それから本当に出会う方やご縁がまったく変わりました。

ホームページを、「理念経営のすすめ」というメッセージを前面に打ち出したものにリニューアルした直後、一本の電話がありました。産経新聞の「企業の志魂」からの取材でした。30年近くにわたり継続している企画で、日頃あまり表に出ることのない企業の信念や志を歴史上の人物や名言故事になぞらえ、第三者の視点で新聞掲載するコラムです。このコラムの主筆をされているのが橘三朗先生です。極めて博学才穎な方で、これまでに５８００社以上の企業代表者に会い、志を書き続けておられます。

なんでも、社会保険労務士を取材されたのは当方が初めてとのことでした。主役は経営者ではなく、そこで働く社員であると経営者を叱咤激励されてきた橘先生の御眼鏡にかなったのです。理念を見直していなければ絶対に出会うことのなかったご縁といえるでしょう。

この「企業の志魂」に掲載された経営者だけが参加することができる社長会「三略会」に、その後参加させていただくことになりました。同会は、大人になってから、社長になってからの幼なじみをつくろう、というポリシーで運営されています。ですから名刺交換をして自社を売り込むなどということはあり得ません。商機拡大を目的とする、よくある異業種交流会とはまったく違う性格のもので、目先の利益を追わない社長会です。じっくりと腰を据えてお付き合いしていくことで、本当に損得抜きの人間関係が形成され、会員同士仲良くなっていきます。

毎月銀座で行われている定例会は、すでに500回を超えています。毎回、定例会に呼ばれるのは70社前後です。取材した社数が5700社ですから、いかにこの定例会に呼ばれ続けることが困難であるか想像がつくことと思います。三略会も主宰はもちろん橘先生です。会のためになる経営者、みんなの役に立つ仕事をしている会社でないと呼ばない、という確固たる方針で運営されているので、趣旨に添わない活動をしていると段々と縁遠くなってしまうのです。

結局、利他の精神のある経営者でないと参加できないすごい会なのです。幸い、筆者は6年たった現在も呼ばれ続けていますので、やってきたことが間違っていなかった証しではないかと、あらためて胸をなで下ろしています。

この三略会の参加経営者は、本当に素晴らしい方ばかりです。いつも頭が下がる思いをしているのですが、まだ人本経営の意義に気付いていない方も少なくありません。定例会では全員にスピーチの時間を与えられますが、1分程度でしかもお題が決まっていますので、自分がどのような仕事をしているのか伝えることは容易ではありません。それでも、人を大切にする経営が重要だというメッセージを受け止めてくださるメンバーに出会うことができました。

ベンチャー企業で初めて人本経営を指導――株式会社ゲットイット

株式会社ゲットイットは、日本最大級の中古・再生の業務用IT機器販売会社です。代表者は廣田優輝社長。学生ベンチャーで起業、廣田社長の独特のビジネスセンスで業績は堅調に推移し、社歴は10年を刻もうとしていました。三略会の定例会の二次会の場で親しくなりました。

「会社に行くのが面白くなくて……」。廣田社長はつぶやくようにおっしゃいました。聞くと社員が増え、顧客が増えるにつけ、いろいろな問題が次から次へと発生してくるので、何のためにこの会社を経営しているのか、その理由が分からなくなってきているということでした。

そこで筆者は、人を大切にする経営に取り組んでみたらどうでしょう、と提案しました。その際、伊那食品工業の塚越会長や川越胃腸病院の望月院長の著書など、心に染みる人本経営者の本も紹介しました。働く社員のモチベーションを高めてみんなが幸せになっている会社もありますよ、というメッセージを投げかけてみたのです。今、起きている不具合は他者のせいではなく、自分に原因があることに気付いて変わってくれれば、との一心でした。

ほどなくして、廣田社長は「小林さんに頼むことにしたい」とおっしゃいました。当時は雲をつかむような話だったに違いありませんが、私たちに賭けてくださったのです。当方も「人本経営のすすめ」を仕事にしようと舵を切った頃でしたから、なんとかゲットイットにいい会社になってほしいと、燃えに燃えて仕事に当たったことを今でも鮮明に思い出します。

1.経営理念の見つめ直しをしていただくこと

2.全社員の方を対象に「社風をよくする研修」を実施していただくこと

3.社長に必ず毎回参加していただきたいこと

当方からの要望を、廣田社長は素直に聞き入れてくださいました。

第1回目の「社風をよくする研修」の日がやってきました。ほとんどの社員の方に、どこか引いた感がありました。とにかく大切なことを心からお伝えしようと研修を始めました。

数カ月後、明らかな変化に気付く

人本経営を実践している素晴らしい企業のDVDの視聴や、パワーポイントによる事例紹介のレクチャーを行い、そこから感じることをとことん出し合ってもらう研修を繰り返し行いました。参加した社員のみなさんの意見はそれほど活発ではありませんでしたが、考えさせられること、気付くことが少なからずあった様子でした。研修の最後、熱く思いを語る廣田社長の言葉を聴く社員のみなさんの表情が、研修を始める前と後では変わっていることが分かります。あらためて、この会社で働く意味を考え始めてくれたようでした。

研修は毎月行いました。最初の頃は何しに来ているという応対だったのですが、数カ月たって明らかな変化に気付きました。私を迎え入れてくれていると感じたのです。社員のみなさんがイキイキして職場が明るくなり、利他の精神が育まれ、一人一人の人間力が高まってきたのです。廣田社長も手応えを感じているようでした。

研修を開始してから半年もたった頃、社長が笑顔で語ってくださいました。

「今、会社に行くのが楽しいです」

ぐっと心に来ました。何よりの報酬となりました。ゲットイットでの成功が本当に自信になりました。あらためて人本経営の素晴らしさに気付けたこと、今の職業を通じてそれを世の中に伝えていくことができることに、幸せと感謝を感じました。その後、親や就労支援センターですら就労は難しいと諦めていた重度の知的障がい者の雇用を実現し、しっかりと定着をさせています。人本経営に芯が通ってきています。

廣田社長は今、語っています。「私たちが大切にしたいこと、それは一人一人の違いです。多様性が認められ、個性が尊重される集団でありたい。私はそう強く、強く願い当社の経営に携わっています。私は各自の違いが生きる会社というものにとても惹かれていると同時に、絶対にそうなってみたいと思っています」。

小さいけれど多くの人が大切にしたい会社だと、ファンが増え続けています。

株式会社ゲットイット

東京都中央区。廣田優輝社長。ベイエリア、勝どきの月島倉庫の一角にある同社は日本最大級の中古・再生の業務用IT機器販売会社。中古のルーター、スイッチ、サーバー、ストレージを多数保有し、世界中のメーカーの製品を扱う。一方で家庭用品の輸入事業や、トイデジタルカメラの輸入なども行っており、ニッチマーケット専門の商社として、時代のニーズに応える商品開発を行っている。社員数は約20名。2009年5月に人を大切にする会社づくりへと経営の舵を切り、現在に至る。

IT企業で行った「いい会社にするための勉強会」
――コンテンツワークス株式会社

人を大切にする会社づくりのお手伝いをして1年ほどたった頃、ゲットイットの廣田社長から、自分と同じように悩んでいる三略会の社長がいるということで、コンテンツワークス株式会社の荻野明彦社長を紹介されました。

同社は創業9年目の会社で、富士ゼロックス株式会社などの共同出資でオンデマンド出版サービスを展開し、「Ｐｈｏｔｏｂａｃｋ」というウェブ上で写真集を作成できるフォトブック作成サービスが好評を博しています。筆者も会社案内を同社で作成していますが、インパクトがあり大変反響があります。荻野社長が実質的経営者になって4年目の出会いでした。社員の不平不満が多く、思うようにいかないと感じているとのことで、確かに廣田社長と同じ悩みを抱えているようでした。すでにゲットイットでの実績がありましたので、廣田社長ともども、まず社風をよくするための社内勉強会をしていきましょうと提案しました。

しかし、石橋を叩いても渡らないという言葉のごとく、荻野社長は慎重でした。何度も事前のミーティングを重ね、会社にどのような変化が起きてくるのか、メリットだけでなくデメリットはどんなことがあるのか、といったことを確認され、一つ一つ説明していきました。

例えば、こんな説明をしました。社風をよくする研修をする段階では、当然、人を大切にする会社づくりをしていこうという共通の価値認識がありませんから、会社は稼ぎに来るところといった感覚でいる人はついてこられないかもしれません。結果として、残念ながら離職者が発生してしまう場合もあります。もちろん人を大切にする経営の重要性について丁寧に伝えて、気付いてもらうように尽力をしていきます、と。

ようやく、では実施しようということになりました。決断した理由として、荻野社長はこう回想されています。

「会社として大事にしたい価値とは何か、みんなで共有したいと思った。心の在りようが自分も含めて人に向いていることが足りない。いい会社とは何かみんなで考えよう」

全員参加に対しても、「社員からの反発はあると思うが失うものはない」と実践してくださいました。研修のタイトルは「いい会社にするための勉強会」。2010年7月、第1回の勉強会がスタートしました。参加者の意識の差はやはりありましたが、案ずるより産むがやすし、参加したみなさんの感想は上々でした。

「『社員を大切にする』という考えの社長の下で働くことができ、とても幸せなことだとあらためて思いました。この勉強会を受けて、仕事も家庭も良い方向に進める気がします」

「『会社とは何か』『仕事とは何か』は常に頭の中にあります。その答えはいまだつかんでいるとは言い難いのですが、最近は答えが大切なのではなく、答えを求める姿勢と行動を続けていくことが、自分に良い効果をもたらすのかもしれないと考えています」

「私は（当社は）決して悪い会社だなんて思っていないし、いいところが本当にたくさんある。ただ、歯車がかみ合っていないだけだと思う。そこに気付けばすぐにでも〝いい会社〟なんて意識しなくてもよいくらいに意識の高い人たちだと思う」

新卒採用で成果が花開く

結局、6カ月間実施したところで測定をすると、満足度95・2%という結果となりました。「氷が解けていく感じがあった。気付きがたくさんあって大きく変わった社員もいた」と荻野社長はおっしゃいます。

同社では、社風をよくする研修を始めた翌年から新卒採用を始めましたが、利他的な精神が重要だという価値観が見事に採用活動に反映されていきました。会社説明会では、経営理念と社員としての行動指針を特に強調して伝えます。

ちなみに同社の理念と行動指針は次のように定められています。

理念

ありがとう。があふれてる会社

感謝に気づく心をもつ

行動指針

1.気持ちのいい挨拶をしよう。――場の空気を1℃あげよう

2.時間を守ろう。――社内に広げよう　スピードの輪！

3.整理整頓を常に心がけよう。――整理整頓とは余裕をつくることである
4.約束は何が何でも守ろう。――人との約束を守る前に　自分との約束を守ろう
5.傾聴しよう。――イラっても　聞くが七で　話すが三
6.とりあえず、Ｙｅｓから始めよう。――それいいね！　みんな喜ぶ　合言葉
7.行動（実施）しよう。――突っ走りながら　うまくいくラストシーンをイメージしよう
8.理想を追い求めよう。――闘魂！　挑み続ける戦士たち

荻野社長は当たり前のことばかりですよ、と謙遜されていましたが、当たり前にやるのは、実はものすごくレベルの高いことでもあります。会社説明会には２００～３００人の学生がやってきます。そこで「当社の理念に共感共鳴して、行動指針を守れる人を採用します」と宣言して、賛同する人のみ次のステップに進んでくださいと切り出しています。

採用面接のない会社

同社では、いわゆる採用面接は行われません。また、社長自身、採用決定まで学歴を一切見ないことにしています。

どのようにして採用に至っているのでしょう。説明会の後、最終採用決定までグループワークを繰り返します。５人前後のグループに分かれ、ある課題をチームで解決するのですが、こ

の時にコンテンツワークスの理念と社員としての行動指針を実践できる学生かどうかを見抜いていくそうです。採用決定まで5~6回のセッションを行い、最終的に絞り込まれた学生たちに対して、謙虚な姿勢で入社できるかどうか投げかけ、それをクリアしたら採用が決定します。

チームワークを大切に、会社と共に成長できる仲間を求めているからこその採用方法だと感じます。学生たちが同社で働きたいと感じるのは、会社の雰囲気がとても良いからにほかなりません。荻野社長はじめ社員のみなさんが企業文化を高めようと日々、努力している姿勢は、同社のフェイスブックからよく伝わってきます。学生たちは、利他の精神に富んだ先輩や仲間の中で、自分が人の役に立ちながら成長していくことに将来の幸せを感じ取っているのです。この採用の仕方は、平成世代の若者たちにはとても適した方法かもしれません。

同社の新卒内定者は、入社前に「入社します!式」の企画を立てます。入社日に、先輩社員に自分はこういう人間です、これからお世話になります、とプレゼンするのです。新卒者はわざわざ自己紹介ビデオやプロフィールブックを作ったりして、とてもユニークな入社イベントになります。これですぐに先輩たちとも打ち解けて、同社にとってかけがえのない仲間となっていくのです。

「学歴は最後まで気にしていませんが、結果として弊社では難しいと思われるような著名な大学の学生が採用できている」と荻野社長は言います。同社の理念採用により、努力家で、かつ人を思いやることができる人材との縁が結ばれているのです。3年前に採用した新卒者は順調に成長し一人前となり、「この人がいないと仕事が回らない」存在になっているそうです。年々、そういう人材が増えていくのですから、将来が楽しみです。

現在、社員数は38名で、柔軟な雇用形態を希望した一人を除き、全員が正社員です。お会いしてから離職者はゼロと、実績を積んでいます。

コンテンツワークス株式会社

東京都千代田区。荻野明彦社長。2001年、株式会社講談社、株式会社小学館、富士ゼロックス株式会社、マイクロソフト株式会社による共同出資で設立。1冊から出版・販売できるオンデマンド出版サービスを開始。2004年、ウェブ上で写真集を作成できるフォトブック作成サービス「Photoback」を開始し、さまざまなアイテムを展開。2012年から新たに加わったA4判中綴じ製本の「PhotobackJOURNAL」は会社案内、商品紹介、事業報告書などのビジネスユースも視野に入れている。

第4章

実践
社員第一主義経営

1

社員第一主義を正しく理解して実践する

社員第一主義ということの意味

人を大切にする会社を目指すためには社員第一主義であることが求められます。

「わが社は社員第一主義です」と宣言できるかどうかが、幸せ軸の経営に向かおうとする多くの経営者がまず超えるべきハードルです。言葉が独り歩きして誤解を生みやすいのですが、社員第一主義という場合、社員とは会社の構成員すべてであり、経営者をも含む概念です。

これは決して社員が一番偉いという意味ではありません。真の社員第一主義は、社員の幸せ軸を第一に考えた会社経営の行動実践です。もちろん、社員第一だからといって、お客様をないがしろにしていいわけではありません。しかしお客様を幸せにするためには、社員が心から幸せ感をもって仕事をしていることが必須です。だから社員第一主義なのです。

社員第一と顧客との関係性を明確に標語化すると効果的

社員第一主義を実践する際には、お客様との関係性について明確にしておくことが大切です。知恵を使って、うまく人を大切にする会社づくりを行っていきましょう。

これまで視察した各社で参考になる例をいくつかご紹介します。

◆社員第一主義・顧客本位主義・社会貢献主義

これは分かりやすいです。社員の幸せ充足を第一に考えるけれども、思考をしていく時にはお客様の側に立った行動をします。そして、結果として会社は社会に役立つことを成し続けていきます。関係性が非常に腑に落ちてきます。

◆会社は社員のため、商品・サービスはお客様のためこれもいいです。会社は何のために存在しているかというと、社員の幸せを増大させるために存在しています。その増大は提供する商品やサービスを通じてお客様からもたらされる感動や感謝から引き起こされるものです。こんな意味付けでしょうか。お客様を幸せにするから自分たちも幸せになる、この感覚を全員が共有することで、矛盾のない社員第一主義が実現されるでしょう。参考にして、みんなが感じ合える標語をつくっておくとよいでしょう。

◆社員は社会のために、私は社員のために、仲間のために尽くす

これは人本経営を実現した経営者が社員に対して語った言葉です。これもぐっと来ます。そして、本当に社長がそのことを実践していると社員が感じられるようになれば、職場の空気感が著しく良くなっていくだろうと想像ができます。

会社で過ごす時間は長いのです。この時間を楽しく過ごせるかどうか、それは人生の幸せ感を左右することになります。そして、この会社で働いていることが本当に幸せだと感じる社員が増えれば増えるほど、経営者もまた、会社に関わる時間が楽しくて仕方なくなってくるのです。良い循環を生み出していきましょう。

2

人を大切にする経営で必然的にダイバーシティを実現させる

「ダイバーシティ経営100選」に社員40名の会社
――株式会社天彦産業

経済産業省は、「ダイバーシティ経営によって企業価値向上を果たした企業」を表彰する「ダイバーシティ経営企業100選」（経済産業大臣表彰）を2012年度から実施しています。

経済産業省のサイトでは、「ダイバーシティ経営」を、これからの時代に企業が勝ち残るための、いわば「標準装備」であると指摘しています。そして、その目的について「経営戦略を実現するうえで不可欠な多様な人材を確保し、そうした多様な人材が意欲的に仕事に取り組める職場風土や働き方の仕組みを整備することを通じて、適材適所を実現し、その能力を最大限発揮させることにより『経営上の成果』につなげること」と定義付けています。

第1回の100選に選出された43社の中に大阪府の株式会社**天彦産業**があります。他に選出された株式会社資生堂やサントリーホールディングス株式会社といった大企業の中で、社員わずか40名の同社の存在は際立ちます。余裕のある大企業がダイバーシティという場合、多様性重視であり必ずしも人を大切にする経営を極めていることとはイコールではないようです。しかし、中小企業でダイバーシティが進んでいると評価される場合には、確実に人を大切にする経営を極めた結果と見ることができるでしょう。女性や高齢者、障がい者が会社の経営を支える中核人材として輝いている状態でないと、そうは評価されないからです。

女性が活躍する職場として多くの取材を受けてきた同社ですが、紛れもなく人を大切にする経営を実践しています。先にご紹介したヘッズの暮松社長が発起人となって、大阪にはGCC（グッドカンパニークラブ）が発足しています。人を大切にする会社づくりに励み、すでに形づくりに成功している経営者や、本気で人本経営を志している方が集う、極めて意識次元の高い会です。筆者は、2014年4月18日にGCCの定例会に参加しました。定例会ではホスト役が自社の経営のことを語り、学びを深めていきます。この日のテーマはダイバーシティということで、ホスト役を務められたのが天彦産業の樋口友夫社長でした。

人本経営の素晴らしさが首相にまで届いた日

プレゼンの冒頭、樋口社長が「実は今日、首相がわが社にやってきました……」と言うと、一同どよめき、同時に賞賛の嵐となりました。安倍晋三首相の視察は、ダイバーシティに成功し女性の活用が進む中小企業の現場を見たいということで、実現したものです。

天彦産業は特殊鉄鋼業の世界で139年もの長期の歴史を刻んできました。現在の樋口社長の代になって「社員第一主義」を掲げましたが、同業の経営者たちからは、何を生ぬるいことを言っていると散々揶揄されたそうです。しかし、樋口社長には、社員が幸福であって初めて顧客に尽くそうという気持ちになり、それが真の顧客幸福につながるという信念がありました。

それでもあまりに周りの経営者から白い目で見られるため、自分は間違っているのかと悶々とする日もあったそうです。しかし、やはり自分のしていることは正しいと『日本でいちばん大切にしたい会社』に出会って勇気を与えられることになります。そこに書かれていた幸せ軸の経営は、まさしく樋口社長が追い求めてきたものだったからです。樋口社長は坂本教授に連絡を取り、感謝の言葉を伝えました。こういう時、坂本教授は愛の手を差し伸べます。すぐに樋口社長に会いに行ったのです。そして、「あなたが正しい。その道を進むべきだ」と強い支援を約束しました。その後、樋口社長は坂本教授と親交を深めて、やがて本でも紹介され、天彦産業の人本経営が世の中に知られていくようになりました。

制度ではなく風土が重要、そして個別対応が鍵

同社がとりわけ名声を高めたのは、産休・育児休業後に復職した女性社員が、ネット販売による海外市場の発掘に成功するという快挙を成し遂げたことです。樋口社長は、中小企業には女性が活躍する余地がふんだんにある、と女性の活用を積極的に進めていきました。一般に、鉄鋼業では女性の活躍は難しいのではないかという先入観がありますが、業種問わず女性が働きやすい職場をつくることで可能性が大きく広がる、と樋口社長は強くメッセージしています。

ダイバーシティについて、樋口社長にはこだわりがあります。取材に来る相手は、どれだけ素晴らしい制度を導入しているのかということに力点を置いて聞きにきますが、そういう時に必ず次の言葉を伝えているそうです。

「ダイバーシティを成功させるためには、制度をいかに充実させるかではなく、まず風土を良くしていくことが何よりも大切です」

同社では、入学式、卒業式、運動会、参観日、介護等々、家庭の事情を優先しながら仕事をすることが当たり前であるといいます。社員一人一人の家庭での幸せが根底にあってこそ、いい仕事ができると考えているのです。お互い様という価値観から、助け合ったり、思いやった

りする風土が育ち、それが働きやすい職場をつくっていくのです。

樋口社長は、さらに強調します。

「社員一人一人状況が違うのだから、ケースバイケースで個別対応していくことが重要です」

制度を決めてそれに従わせるのではなく、いったん決めた制度であってもその社員が適応しやすいように柔軟に運用することで、社員にとってありがたみが増します。これは手間暇がかかり、きめ細かさが求められることです。社員を大切に思うからこそできることです。だからこそ、そうやって大切にされた社員たちはその後、とてつもないヤル気を出して素晴らしいパフォーマンスを出してくれるようになる、と樋口社長は結論付けていました。

首相視察の模様は、「政府インターネットテレビ」(http://nettv.gov-online.go.jp/prg/prg9706.html)で見ることができます。「政府インターネットテレビ　大阪」で検索してみてください。

樋口社長は首相に開口一番「わが社は社員第一主義、社員とその家族を何より大切にしています」と切り出しています。ぶれずに人を大切にする経営を実践してきたからこその発言です。同社の取り組みを聴いて感銘を受ける首相の様子が伝わってきました。首相はダイバーシティ支援制度を拡充していくことを約束していました。

人本経営の素晴らしさが首相にまで届いたのです。これからますます人本経営の時代になると、また確信が強くなりました。

株式会社天彦産業

大阪府大阪市。代表取締役樋口友夫社長。鉄鋼卸売業。「社員第一主義」を貫き、社長と社員代表5人から成る「TM(トゥモロー・マネジメント)会」や、全女性社員から成る「ひまわり会」で、会社づくりについての対話を熱心に繰り返している。月間・年間のMVPや「頼りがいがあるで賞」といった「なんでもランキング」を社員の選出で表彰するなど、社内の活性化を目的とした独自の取り組みを展開。経済産業省「ダイバーシティ100選」選出企業。

3 全員主役の組織をつくり上げる

全員主役の感動創造企業——株式会社沖縄教育出版

ダイバーシティが実践されているということは、組織で働く一人一人が輝いているということにほかなりません。株式会社**沖縄教育出版**は「全員主役の感動創造企業」を経営理念として掲げ、文字通り、人間尊重の経営が徹底されている会社です。

同社では仕事を芸術、そして祭りと捉えています。創業者の川畑保夫会長にこの意味を尋ねると「仕事は極めれば美しいもの。きれいではなく美しい状態を、仕事を通じて目指すのが〝芸術〟の意味。それから、人様のお役に立つ仕事は楽しくて楽しくて仕方がないもの。お祭りはみんなが自然に参加して盛り上がります。本来仕事はそういうものですから〝祭り〟なのです」と教えてくださいました。それを一人一人に落とし込むために実践しているのが、日本一長く、そして楽しい朝礼です。最長3時間、短くても1時間という同社の朝礼は有名です。

朝礼ではペアになって、全社員が日替わりでファシリテーターを務めます。ハッピー体操、お客様自慢、昨日の〝お役立ち〟などさまざまな定番メニューがあり、ファシリテーターや発表者は、思い思いに演出をして参加者を楽しませます。まさしくお祭り状態です。みなさん実に表情豊かに、ある時は心を震わせて涙ぐみながらスピーチをしていきます。日々の活動が伝わってきて、心に熱いものがこみ上げました。やる気が出てくる朝礼なのです。この状態で仕事に入っていったら、それはいい仕事ができるに違いないと実感しました。

障がい者によって培われていく企業文化

同社では、社内の雰囲気を変える力があると、障がい者雇用にも積極的です。社員のおよそ1割が、何らかの障がいのある方です。

仕事にもすっかり慣れた障がい者社員の一人が、仕事に生かしたいということで車の運転免許を取ることを決意したそうです。しかし、健常者のように簡単には試験に受かりません。仮免許の試験を突破するのに9回もかかりました。ほっとしたのもつかの間、それからがもっと

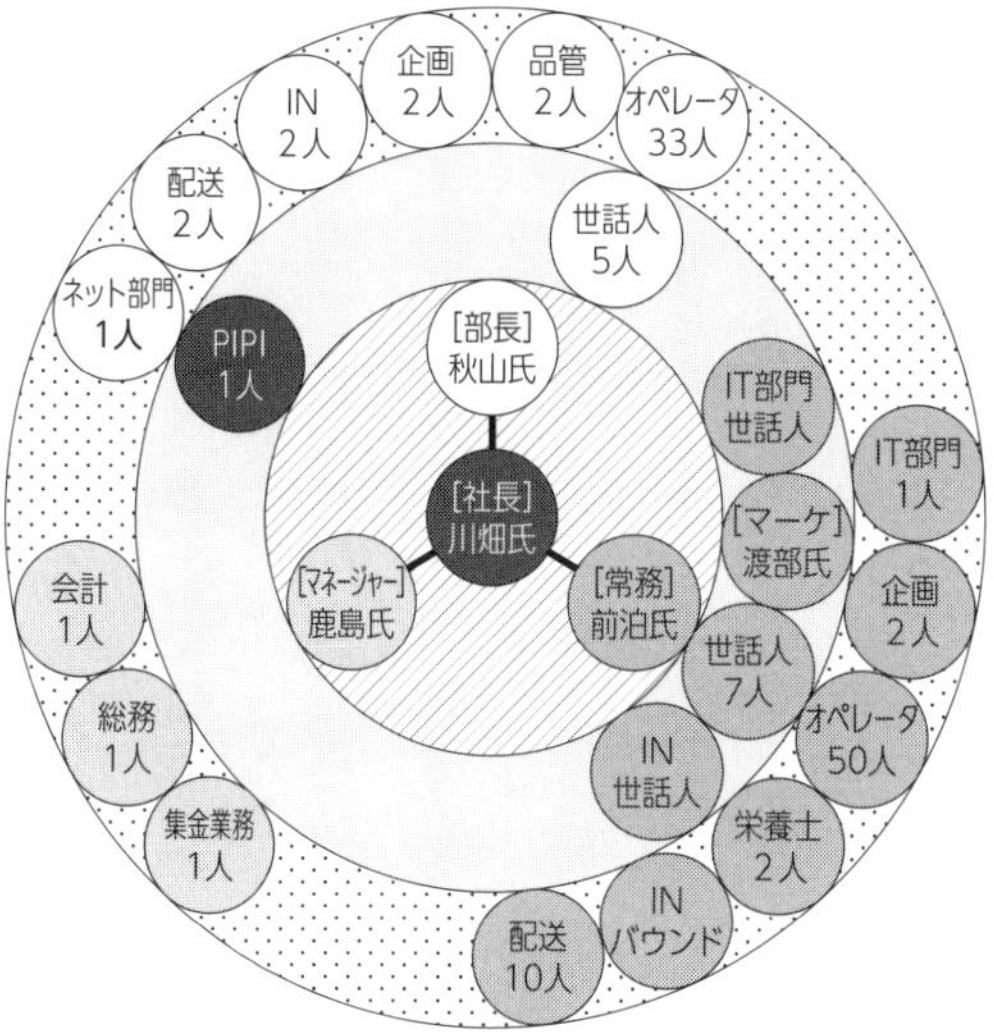

図表３　沖縄教育出版の組織図

大変でした。本試験では、さらに何度受けても合格はもらえません。ついに10回目になりましたが、また落ちます。とうとう運転免許の本試験回数は16回を数えるようになりました。今度こそと思いましたが、また望みはかないませんでした。

しかし諦めません。本人だけではありません。沖縄教育出版の人たち全員が諦めていません。みんなで彼をサポートし続けたのです。「こうすれば大丈夫」「頑張れ」「今度はいける、いけるぞ」。そんな激励が飛び交っていたに違いありません。そして迎えた17回目のトライ。とうとう彼の合格番号がありました。その時どれだけ会社に感動の渦が沸き起こったことでしょう。とてつもない一体感で全員が固く結ばれたであろうことは、想像に難くありません。これが沖縄教育出版の企業文化をつくっているのです。時間はかかるけれど、必ず目標を達成できる。諦めなければ、カメのようにコツコツやれば必ず自己実現できることを、身をもって障がい者から教わったのです。

なんと円形をしていた組織図

全員主役ということから、役職も部長や課長という表現ではなく、世話人や大世話人といった表現を使い、社内では「さん付け」で呼び合っています。組織図を見せてもらって驚きました。まるで曼陀羅のような丸い円をした組織図だったのです（前ページ図表3）。

中心には大世話人として経営者や役員がいて、その外側に世話人として、いわゆる中間管理職が配置され、その外側に一般社員やパート社員が置かれていました。つまり、中間管理職は現場の一人一人のスタッフが働きやすいように気を配り、経営者層は中間管理職がもっといい仕事ができるようにサポートしていく、という関係性にあることをこの組織図は示しているのです。うちの会社には月曜の朝が憂鬱な社員は誰一人いないはずです、と川畑会長は目を細めていました。うそ偽りない全員主役の感動創造企業でした。

沖縄教育出版

沖縄県那覇市。健康食品・自然派化粧品・県特産品の自社ブランド商品の通信販売事業。創業当初は書籍の出版を手掛けていたが、腎臓癌を克服した創業者の川畑保夫会長が「この命を世の中のために役立てたい」と、闘病の経験を生かして薬草事業部を立ち上げ、沖縄の自然食品を使った健康食品や自然派化粧品の通販事業をスタート。全員が主役の感動創造企業を目指している。同社の障がい者雇用は多くの企業の手本となっている。

4 人本経営で主流となるサーバントリーダーシップ

人本経営では社員全員が主役

「幸せ軸」の人本経営では、組織のマネジメントの在り方も大きく変化します。「業績軸」ではピラミッド組織をいかに効率的に統率するかということが求められ、トップ―管理職―一般職の階層別マネジメントが実践されます。組織目標を達成するために上位階層が下位階層に下命する、支配型リーダーシップを展開することが一般的です。

利潤を極大化するということが企業の目標であれば、それは組織のマネジメントとして有効に作用することでしょう。しかし、往々にして社員は歯車化されることになり、そこで働いている一人一人の顔が見えてきません。

人本経営では、全員が主役です。だからこそ、目的としているモチベーションの極大化を実現することができるのです。お客様と接している現場の社員がいかに気持ち良く仕事ができるか、これを気に留めて日々バックアップすることがリーダーの役割になります。そして経営者は各チームのリーダーがより仕事をしやすくなるように最適化を図っていくことが重要な任務となります。沖縄教育出版が実践しているようなマネジメントの在り方が、サーバントリーダーシップです。会社と社員の関係が、労使関係ではなく同志関係であることがはっきりと確認できます。

ものの見事にサーバントリーダーシップを実現し、人を大切にする経営を極めてダイバーシティを実現している好事例をご紹介しましょう。

空気感がお客さんを呼ぶ――株式会社ファースト・コラボレーション

全国展開している不動産業の株式会社エイブルでは、毎年度、フランチャイズ加盟店で働く3000人近いスタッフの顧客満足度日本一の表彰を行っています。高知県でこのエイブルに加盟している株式会社ファースト・コラボレーションの社員の表彰歴が見事です。2006年以降の9年間で、第1位ならびに第2位に表彰された社員をそれぞれ7人も輩出しています。もちろん、この間業績も堅調に推移してきています。

これまで1位となった社員は全て女性です。男性社員も明るく人当たりのいい方が多いのですが、同社ではとりわけ女性社員の活力が際立っています。まったくやらされ感がありません。視察で伺った時に数名の女性社員にインタビューさせていただきましたが、自然な感じで聞き取りの際に社員が入れ替わりながら話を聴く状態になりました。同社ではチーム接客といって、来店したお客様の対応を一人だけでするのではなく、気が付けば数名が物件相談の輪に加わってくるという接遇をしています。できるだけ多くの社員がそのお客様の役に立ちたいと、自発的に接客に参加しているのです。取材時も、まさしくそんな感じでした。

全ての方から感じられたのは、心から仕事を楽しんでいるということでした。その社内の雰囲気が来店したお客様に伝播して、お客様も楽しい雰囲気になることで満足感が増幅し、高い顧客満足度が導き出されていることが推測されました。

武樋泰臣社長は語ります。「空気感がお客さんを呼んでいる。職場のムードが盛り上がっている時は、必ず業績が上がるのです」。

自らが社員のパートナーになり得ているか問う

2002年に創業後、同社は2つの会社から業務移管を受託する話に乗りました。事実上の吸収合併です。当時は会社の基盤を早くつくろうと、価値観や理念を顧みず規模を追う経営をしていました。最初こそよかったものの、役員同士、社員同士の対立などいろいろとズレが生じるようになり、売り上げも3年目には前年比7割に減少。これではいけないと考え、価値観を共有するために経営理念の作成会議を開催し、一体感を図っていこうと決めました。

その際、武樋社長はあることに気付きました。2つある店舗の違いです。一方の店舗は経験者ばかりの玄人集団、もう一方は素人ばかりでした。玄人集団のお店は明らかにギスギスしていて組織が疲弊していると感じられ、一方の素人集団の店舗は社員がとにかく楽しく働いていることが伝わってきます。そして、玄人集団の店舗は物件の平均単価も高く、市場規模が素人集団の店舗の6倍もあるのに、2つの店舗の売り上げはほぼ同じだったのです。その素人集団の中で中心となっていたのが、その後顧客満足度日本一を達成する女性社員でした。

社風と業績に相関関係があると気付いた武樋社長は、「元気で明るい風土」「一人一人が主人公」「チームワークが発揮される職場」の実現を経営理念に込めて、社員との共有化を図っていくことにしました。社員からのこんな会社にしたいという意見も妥協なく吸い上げました。その結果、「フラットな組織」「命令なし」「ノルマなし」「歩合なし」「営業なし」という経営スタイルが実現されていきました。

「社長のための、社長が主役の会社ではなく、社員一人一人のより良い人生のための、社員が主役の会社が理想です」と武樋社長は言い切ります。「社員がパートナーというより、自分自身が社員のパートナーとなり得ているかどうかを、自らに問う」ことを心掛けているそうです。「当社は逆ピラミッド、逆三角形の一番下に社長がいて、現場が仕事をしやすいように支援をする」のが社長の役割だと、心に決めているのです。

仕事の都合よりママ・パパの都合を優先

体験上、社風を良くするためには職場の中心で女性社員が活躍してくれることが重要だと認識し、女性社員の採用や活用にも積極的です。現在ではエントリーしてくる大学生300名のうち80％が女子学生です。しかし、ここまでの道のりは平坦ではありませんでした。女性の活躍を後押ししたいという気持ちは強かった武樋社長ですが、問題がたびたび発生しました。

それは、突然に結婚や妊娠の報告があって、頼りにしていた女性社員が離職をしてしまうことや出産後の予定が分からないこと、そして、復帰しても出勤が不安定になってしまうという、女性が多い職場にはよくある問題です。そういう事情があるから、女性はある程度の期間まで働いてくれればいいと高をくくってしまう経営者がほとんどでしょう。

そんな中、武樋社長は会社の一翼を担ってくれている女性社員が長期にわたって家庭生活と仕事を充実させていく方策はないものか、と考えあぐねた末、大きな決断をします。2006年5月、「働くママさん計画」を打ち出しました。結婚、育児、介護など家庭の事情を最大限考慮して、仕事が継続できる体制や仕組みを社員とつくり上げていったのです。

ここまで大切にされて、社員が意気に感じないわけがありません。社長の思いに応えるようにさまざまな場面で助け合い、思いやりが社員間に発生してくるようになりました。

極め付きの成果と言ってもいいのが「出産スケジュール表」です。さまざまな会社を視察させていただきましたが、それは初めて見るものでした。なんとそれは、女性社員同士が今後、いつ頃出産し、産休・育児休業をどのくらい取得するかという希望を出し合った7年間のガントチャートでした。そして社長は、誰も希望を出していない空白の期間に、新店の出店計画を立てているのです。あくまで主役は社員ということが貫かれていました。

やらされ感のない主役になった社員たちは顧客満足度日本一表彰を連続して実現しています。地域になくてはならない会社をつくり出したのです。社員を幸せにしていけば、その分幸せが返ってきて会社の状態が良くなります。その結果、最も幸せ感を味わうのは言うまでもなく経営者なのです。

ファースト・コラボレーションの社員インタビューやさらなる取り組みの詳細については、近著『会社を元気にしたければ「F・E・D社員」を大切にしなさい』（PHP出版）で書きました。こちらもぜひ参考にしてください。

株式会社ファースト・コラボレーション

高知県高知市。不動産業。武樋泰臣社長。社員数32名。エイブルに加盟し全国800店の中から2013年顧客満足度（CS）第1位を達成。また、約3200人の全国加盟店のスタッフの中のCS個人部門1位、2位を毎年のように同社の社員から輩出している。「わが社は逆ピラミッド」と武樋泰臣社長は口にする。現場の社員がいかにやる気を出してくれるかを追求している。高くモチベートされた社員が最高の顧客感動を生み出すという黄金律を実現し、不動産業界のイメージを刷新する経営が南国土佐で行われている。次世代型の人を大切にする経営の手掛かりが得られる会社。取組みが評価され、第1回「四国でいちばん大切にしたい会社大賞」奨励賞を受賞した。

5 なでしこジャパンもサーバントリーダーシップ

笑顔でＰＫ戦に臨む選手たち

ワールドカップで王者、五輪で銀メダルと好成績を達成し続けている、女子サッカー日本代表のなでしこジャパン。ワールドカップの決勝ではＰＫ戦での決着となりました。土壇場で追い付いた展開ではあるとはいえ、ボールを蹴る前にはカチカチに緊張してしまうのが普通でしょう。実際に歴代のスーパースターが外すシーンは珍しくありません。それほどの場面で、なでしこのイレブンはニコニコしながらＰＫのスポットに向かっていったのです。そして結果を出しました。

このやらされ感をまったく感じさせないプレーヤーたちを見ていて、人本経営の会社で心から楽しそうに仕事をしている社員の姿がだぶってきました。もしかしたらと思い、チームを率いた佐々木則夫監督が書き下ろした『なでしこ力～さあ、一緒に世界一になろう！』（講談社）を読んでみることにしました。読み始めてすぐに、予感通り、人本経営の考え方に通じる点が多々出てくると感じました。

なでしこジャパンは「社員第一主義」を実践していた

佐々木監督と選手の関係が象徴的に分かる部分があります。以下、引用します。

・「コーチ」の語源は「馬車」だ。コーチという言葉には「人をある地点まで送り届ける」役目を担う人、という意味がある。ではコーチが馬車なら選手はなんだろう。答えは「乗客」だ。

間違っても選手は「馬」ではない。コーチ、つまり指導者の仕事とは、選手を馬のように鞭で叩いて走らせることではなく、乗客である選手たちを目標の地まで送り届けることだ。

・監督は、選手の掲げた目標達成のために考え、判断し、決定を下す。僕は日本サッカー協会と契約してなでしこジャパンの監督を任されているのだが、気持ち的には「クライアントは選手たちだ」という感覚で仕事をしている。

人本経営では、その経営目的がいかに社員のモチベーションを極大化させるかということに置かれます。社員が自社の商品やサービスに誇りを持ち、やりがいを感じて目を輝かせながら仕事をするならば、目の前のお客様を喜ばせる仕事をしないわけがないのです。モチベーションが高い社員の接客やサービス、あるいは商品の提供を受けた顧客は期待以上のものを感じて感動し、その会社のファンになってリピーターになり、そして口コミで新たな顧客を紹介してくれて、結果として収益が向上するという善の循環が生まれていきます。

間違っても業績のためにきついノルマを設定して、売り上げを上げさせるようなことはしません。〝クライアントは選手たち〟という言葉に、端的にこうした思想が込められていることが直截的に伝わってきます。そしてこう述べられています。再び引用します。

・指導者としての情熱は、目の前の選手の力を引き出すことを目的として、誠実に注がれなくてはならない。
・規則や命令で選手をガチガチに管理するのではなく、のびのびと自分らしい感性を表現させたほうが、サッカーはうまくいく。
・なでしこジャパンというチームは「なでしこらしく」戦い、僕も「なでしこらしさ」を引き出すために仕事をする。サッカーにおける最高の戦術とは、選手が「自分らしさに自信をもつこと」なのだ。
・僕の指導理念は、選手に自分らしさを表現させる、ということで一貫している。

完全に人本主義でチームづくりをしているのだということが確認できます。ちなみに理念となっている「なでしこらしさ」は、2007年になでしこビジョンとして策定され、ひたむき・芯が強い・明るい・礼儀正しいという4つの心を身に付けることであるといいます。

強みを生かす経営

書籍で全般的に佐々木監督が指摘している特徴的な考え方が、強みを生かす経営を実践しているということです。以下、引用します。

・選手たちが自分らしさを表現しやすくするために、僕は心がけていることがある。なでしこジャパンというチームを、彼女たちにとって「できないこと」を指摘されるだけの場所にしないということだ。指導者がやりがちなことは、レギュラーを確保できない選手のミスを指摘することだ。今のじゃダメだ。もっと頑張れとできない選手の、できないことを指摘してばかりいて、その選手は成長するだろうか。正しいやり方はそうじゃない。指導者がやるべきことは、まず選手の長所を見抜き、それを認めているんだというメッセージを本人に伝えることだ。プレー中のミスは、叱られたから減るというものではない。大好きなサッカーを「もっとうまくなりたい」と思って本人が努力するからこそ、ミスは減るのだ。
・なでしこジャパンの強みとは何か。強みを活かして戦う方法とはどんなものか。それらを分析した結果、澤をボランチに置くことが最もふさわしいと考えたのだ。澤自身の秘められた強味も、チーム全体の「なでしこ力」もいかんなく発揮できるという確信をもって、僕はチームづくりに着手していた。

このほかにも、対話、絆、利他的精神、本気度など、人本経営で大切にしている価値観に違和感のない概念のオンパレードとなっています。やはり人本経営はいい組織をつくります。そして、結果を出すことができるのだと再認識できました。

時代を反映する東洋の魔女となでしこジャパン

活躍するスポーツのチームは、その時代を反映しています。高度成長期に入りだした頃に開催された東京オリンピックでは、鬼の大松監督に徹底したスパルタ教育で訓練された女子バレーボール全日本チームが〝東洋の魔女〟と呼ばれ五輪王者になりました。それは「俺についてこい」の典型的な支配型リーダーシップでした。

拡大再生産という目標を達成するピラミッド組織を統率するにはもってこいの管理手法で、この時代の企業経営には大いに参考になったことでしょう。むろん指導者の人格と識見があることが大前提ですが、当時は「スポ根」全盛の価値観ですから、支配される方も疑問なくついていくことが動機付けられていました。

しかし現在、東洋の魔女と同じマネジメントをなでしこジャパンにしたら、どうなるでしょうか。おそらく、スパルタの指導は選手を委縮させてしまい、一人一人の持っている良さがまったく出せず、結果ももちろん出すことができず、早晩にチームは解体という憂き目に遭うような気がしてなりません。

価値観はそれほどに重要です。そして価値観に合ったマネジメントを施すことも、とても重要なのです。かつては功を奏したマネジメント手法でも、今を生きる人たちに適合しないものであるなら、それは悲惨な結果を生みだします。

6
企業成果100％超をもたらす家族的経営の威力

大家族主義で社員の幸せを追求する

社員第一主義を実践し、人を大切にする会社を形づくったほぼすべての会社において、職場での人間関係が家族的であるという特徴を見ることができます。「第2回日本でいちばん大切にしたい会社大賞　中小企業庁長官賞」に輝いた徳島県の**西精工**株式会社は、わが社は大家族主義であると宣言しています。

創業者一族の系譜を継ぐ現社長の西泰宏氏が社長に就任したのは2008年でした。当時は雰囲気が暗く、あいさつができない社員もいたといいます。社員の離職率が高く根本的な経営の変革が必要だと感じた西社長は、会社が大切にしてきたもの、すなわち「創業の精神」へ原点回帰することを決意しました。「創業の精神」では「人間尊重・お役立ち・相互信頼関係・堅実経営・家族愛」の5つの精神がうたわれていました。

この5番目の家族愛の精神から、社員は一番大事な家族と一緒、大家族主義で社員の幸せを追求したいと方針を明確に示しました。

西社長は語ります。「社員をリストラするくらいならつぶれた方がいいという思いで経営している。苦しいこともみんなで我慢して乗り越えた。人は守ってくれる人のためにこそ、頑張れるもの。うれしいことを共有し、悲しみは共感する。社員の結婚式はもちろんのこと、社員の家族の葬儀には必ず出席するようにしている」。

温かい空気感と、大家族主義の社風が経営の根幹を貫いているということがとてもよく伝わってきました。

前出のサイベックコーポレーションでは先代から続く〝社員イコール家族〟であるという「人を大切にする」経営理念が息づいています。高い技術力に加えて、家族としての絆が強いため、技術の伝承やノウハウのやり取り、情報の共有がよどみなく行われていくのです。家族なのだから、メンバーの専門性が向上すれば、家族全体にとってプラスになります。そこに出し惜しみが発生する余地はなくなります。これが大家族主義経営の最大のメリットです。

家族的な人間関係ができると教え合う文化が開花する

やはり社員は家族だからと、全員正社員で雇用している前出の昭和測器の鵜飼社長は言います。「こういうのをつくってくれとお客様からオーダーがくる。これがありがたい。この時に社員たちは必死に対応しようと教え合う。教えるほど楽になる」。

自社が所有する高い専門技術に期待して、見込顧客から「御社ならこういうものができないか」と現状より高いレベルのオファーが来た時に、家族的絆力がものをいうのです。そんなの無理と社員たちが思ってしまえば、会社としての進化は望めません。向上心のある高い人間力を備えた社員たちは、チャレンジングなテーマにトライしようとモチベーションを高めていきます。そして、どうすればできるか考え出します。

「あのA社員の持っている技術にこういう工夫が加われば、解決策が見つかるのではないか?」

「それにはB社員が開発したシステムの応用が必要になりそうだ」

このような知恵の出し合い、教え合いが発生し、協力体制が出来上がっていきます。

家族だからこそ教え合えるのです。家族だから相手にもっと良くなっていってほしい、こうすれば成長していける、という感覚が自然に出てくるのです。これぞ家族的経営の真骨頂です。組織の持つポテンシャルを常に100%以上引き出していけるようになります。そして、高い技術力や専門性の保持に貢献していくのです。

成果主義絶対の組織ではそれはあり得ません。自分が発掘したこのノウハウを他に取られてたまるかという意識が働き、社員は出し惜しみをしてしまいます。そうして組織力は社員の能力の掛け算にはならず、会社全体の成長力も鈍化した状態になるのです。家族的絆力の強い組織では、先輩から後輩へ伝授する教育が社内随所で行われていて、技術力やノウハウが伝承され続けます。社員同士は全員家族という意識であるため、自分だけ知識やノウハウを持って人には出さない、教えないということはありません。

人に教えるという行為はその人間を最も成長させる行為でもあります。教えられた一人が成長し、教えた人間も確実に良くなっていき、会社全体がたくましく成長していきます。その循環が出来上がるから、人を大切にする経営は永続していくのです。

7 絆をつくる職務以外のイベントの効用

社員旅行で社員同士がファミリーに

視察先で社員旅行、クラブ活動、スポーツ大会への参加などイベントを積極的に実施している会社が数多くありました。直接仕事には関係ありませんが、イベント体験を通して一体感が出来上がってきて社風が良くなる効果があるのです。

伊那食品工業では特に社員旅行を重視しています。社員旅行が楽しいと感じられる会社は結束力がある証左だからです。同社では、もう40年続けています。海外旅行では1人当たり9万円の補助が出ます。社員旅行は娯楽や休暇など福利厚生の一環としてだけでなく、教育という面でも効果を上げているそうで、普段と違った環境に入ることで自分たちのことを見つめ直すきっかけになるといいます。同社の社員旅行の特徴は、旅行代理店がつくったお仕着せのプランでなく、仲間で話し合って、好きなプランを組み立てていることです。ある班がニュージランドに行った時は、オートバイとレンタカーで500キロを移動して目的地のホテルに入る、といった旅行をしました。普段、違う職場にいる社員同士がプランの段階から和気あいあいと話し合い、そして自分たちで計画して実際に旅行することで、助け合いがあらゆるところで発生します。また、その人の人となりをよく知る機会になります。こうして絆が固く強くなって帰ってくるので、仕事上で最高と呼べる友人がいる状態がつくられます。10年も同社の社員でいると、ほとんどの社員と一度は旅行に行くことになり、文字通りファミリーになっていくということです。

イベントへの社員の参加率は、いい会社のバロメーター

人を大切にする会社づくりをしている経営者は、ことのほか仕事以外のイベントを開催する

ことが好きです。みんなが仲良くなり、家族的な関係性が社内に構築されるきっかけになるからにほかなりません。エンゲージメント度合いを高める効用があるのです。社内旅行どころか忘年会ですら社員の参加率がままならないのでは、当然そうした効用は期待できるはずもありません。

ある意味、職務以外のイベントへの出席率は、自社がいい会社になってきているのかどうかを推し量る良いバロメーターと言って差し支えないでしょう。

普段やらされ感を感じて仕事をしているのではあれば、社員はプライベートくらい会社から解放されたいと思い、出席率は悪くなるでしょう。普段から全員主役にするサーバントリーダーシップ、つまり上司と部下が上下関係ではなく同志、パートナーとなり得ていれば、ワクワクしながらイベントに参加してくるはずです。社員だけではなく、さらには家族までイベントに参加してくるようになったら、かなり人を大切にする会社づくりが進展してきたと見てよいでしょう。

こうした会社は、仕事に絡んだ行事もイベント化してしまうことが上手です。

よくあるのが事業計画発表会です。新年度の各部署の所信表明を大がかりに演出し、盛り上がってしまおうというパターンです。茨城県の株式会社**坂東太郎**などが有名です。

そして、併せて表彰式を行い、「褒める」という幸せ度を高める大切な行動もしています。

他社が視察に訪れるほど積極的に行っているのが大阪のベル。社長が選ぶ最優秀社員賞、社員が選ぶ最優秀社員賞、ベストスマイル賞、スマイルカード発行大賞、スマイルカードもらってる大賞、環境整備賞、ベストキーパー賞、年間最優秀キーパー賞、年間最優秀パートナー賞、年間最優秀改善提案賞、皆勤賞、永年勤続賞、ボランティア賞など多彩でユニークな賞が用意されています。

社内イベント日本一を目指す会社
——株式会社シティコミュニケーションズ

弊社の顧問先で、人本経営の重要性に気づいた株式会社シティコミュニケーションズでは「社内イベント日本一」を目指す企業として、年間で約30本の社内イベントを若手社員で企画し、グループ会社全体の活性化と地域社会への貢献を行っています。社員やパートナー、家族の笑顔を多くつくることで社員満足度を向上させることがお客様満足度の向上につながると考え、社内イベントを数多く開催しています。ちなみに年間のイベントカレンダーは次の通りです。

4月　入社式　横浜大岡川桜まつり参加　新入社員歓迎会　少年野球教室
5月　女子会　ラスベガス研修　春のスーツ販売会　牧場体験

6月　岸根公園清掃活動　ボウリング大会
7月　海の公園海岸清掃
8月　ＢＢＱ大会　献血活動　相模大野もんじぇ祭り参加
9月　ファミリー感謝デー　秋のスーツ販売会
10月　内定式　ゴルフコンペ　川越まつり参加
11月　運動会　川越マラソン参加
12月　忘年会
1月　新年会　伊勢神宮初詣　慰安旅行
2月　社長講演会
3月　事業計画発表会同期会

三田大明社長は、以前に社内で不正が起こった時、就業規則を強化して緩んだたがを締め直そうとしました。しかし、思ったような効果が望めないばかりか、社内がギスギスしてしまったそうです。なんとか社内を明るくしようと若手社員たちと社内イベントを企画したのですが、「社内交流のためのイベント？　お客様が楽しむ前にお前らが楽しんでどうする？　遊ぶなんて論外だ。とにかく金を稼げ」と人生の先輩たちに指摘され、今後どのように会社経営をしていけばいいのかと悩んでいました。そんな時、弊社の事務所通信で書かれた「これからは理念経営の時代」という文字が目に飛び込んできたそうです。

◆これからは人を大切にする経営の時代
◆CS（お客様満足）の前にES（社員満足）
◆お客様の笑顔を見たければ、まずはそこで働く社員の笑顔をつくりなさい

この記述に触れ、「経営を楽しんでいいのだ」と吹っ切れたそうです。

それから5年がたち、今では社内イベント日本一と検索すると、一番上に同社の社名が出てくるまでになりました。社風が良くなり業績も順調になっていきました。

株式会社シティコミュニケーションズ

神奈川県横浜市。「KEEP CHALLENGING」の社是のもと、総合エンタテインメント企業として、多岐にわたる事業を展開。今後もさらに新しい業態への進出を計画しており、同社の最終的な夢である「ラスベガスのようなエンタテインメントの『街』を作る」夢の実現に向かって挑戦し続けている。障がい者雇用にも積極的に取り組み始めている。

8

「幸せ軸」経営を後継者に託すことができる企業が伸びる

次世代リーダーに課せられた命題

時代の価値観が20年近くかけて大きく変化してきました。ポスト資本主義として人本主義の世の中が始まり、今まさに発展期に差しかかりつつあります。人本主義に極めて親和性が高い平成世代という若者たちが社会に登場するようになる時代の端境期で、企業経営者の舵取りが会社の将来に大きく影響を及ぼす段階といえます。

時を同じくして、多くの企業で団塊の世代の経営者が引退を迎え、次の世代に経営がバトンタッチされようとしています。いつの時代にも重要なテーマですが、これから持続可能な会社として存続していくためには、後継者問題が今までにも増して重要な経営課題となってきています。

社歴が30年以上ある会社の多くでは、団塊の世代の経営者が高度成長という追い風に乗り、そしてバブル崩壊後の荒波を何とか乗り切って次世代リーダーにバトンが渡されようとしているのではないでしょうか。「業績軸」の経営でなんとか会社を存続してきた会社では、後継者が「幸せ軸」の経営を実践していかないと平成世代の若者を輝かせることができず、やがて企業の活力が失われていきます。繰り返しになりますが、平成世代が30歳代になる、ここ10年前後で「人を大切にする経営」を軌道に乗せていくことが、大きな命題となっています。

日本食研ホールディングスに見られるように、先代が創造した卓越したビジネスモデルがあり、さらに後継者が明確に「人を大切にする経営」の重要性に気付き、大きく経営軸を変えて実践しつつある会社は、この先大きな希望があると言えるでしょう。

気付いた後継経営者が不屈の精神で人本経営を貫く

事業承継した後継者が人本経営の重要性に気付き、「幸せ軸」の経営を実践したがっているのに、会長になった先代がかつての経営感覚を捨てられず、口出しをして後継者の歩みを止めてしまうことが、今、最も高いリスクです。この事例を最近、多く見かけるようになってきています。とても心配な会社が少なくありません。

先見性があったからこそ、「業績軸」の経営で会社を進展させてくることができたに違いありません。それは「業績軸」という直線上では優れていたということでしょう。しかし、今は「業績軸」から「幸せ軸」へとベクトルが動き、パラダイムが変わりつつある時代です。発想の転換が求められています。「業績軸」で生きてきた経営者には、そのことを理解するのは簡単ではないようです。気付くことができた後継経営者が、不屈の精神で人本経営を貫徹していくよりほかありません。覚悟、本気度を示して実行していくことです。

先日訪問させていただいた会社は立派でした。会長は相変わらず「業績軸」に足を突っ込んでいるのですが、後継者の40歳代の社長は、何百人もの全社員、来賓が参加する事業計画発表会で、「利益は手段、目的にしない。社員満足を高めることを一番に考える。絶対にリストラはしない」と言い切っていました。しっかりと本気度を感じました。覚悟がすわった姿は本当に素晴らしいと感じます。心から応援したくなりますし、社員もそういう気になるでしょう。

第5章

ファシリテーター型次世代リーダーを育成する

1

みんなで人本経営を実践する

人本経営が形づくられるプロセス

人を大切にする会社づくりは、経営者一人が頑張ってもできるものではありません。

最初にきっかけをつくることは、もちろん経営者がしなければ始まりませんが、いい会社は誰かにつくってもらうものではなく、一人一人の想いを込めてつくっていくものです。ですから、人本経営では全員が主役になるのです。全員が気付き行動をしていくこと、これに尽きます。

人本経営の形成過程をあらためて考えると、次のようなプロセスとなるでしょう。
◆経営者が人本経営を志し、日々実践していく

◆本気でいい会社づくりをしようとする経営者の背中と心を社員たちが感じる
◆安心して、いい会社をつくっていくための行動をしていいのだと社員の心に伝播する
◆気付いた社員たちがいい会社をつくるための行動をしていく
◆より一層、心ある商品やサービスが形づくられていく
◆その商品やサービスに触れたお客様が「この会社の商品、サービスは違う」と感動を覚える
◆リピート客が増えるようになる
◆口コミが広がり新規顧客が増え始める
◆会社の空気感、風土が良くなる
◆その職場の雰囲気に憧れて入社を希望する若者が多く集まる
◆価値観の合う優秀な人材の採用に困らなくなる
◆優秀な人材がさらに経営理念を具現化させ幸せ感をもって働くようになる
◆業績に反映され、さらにいい会社をつくるための手段としての高収益が実現されていく

基本的には時系列ですが、後の方の出来事は人本経営が形づくられてくると同時多発的に発生してくる場合も多いでしょう。

人本経営が形づくられるために最も重要なことは「いい会社をつくるための行動」と言えま

す。この行動を喚起し、会社に定着させるためにはファシリテーターの存在がとても重要になります。人本経営では、言われたことを言われた通りにする指示待ち社員ではなく、自らがどうすることが関わる人にベストなのか、自発的に気付いて考えて行動をする自律型社員を養成していくことが最大テーマとなります。その気付きをより多く引き起こし、深く考えさせ行動に移すサポートをすることが、ファシリテーターの役割です。

筆者のような外部の専門家にそのファシリテーター役を委ねることももちろん有効ですが、経営者をはじめ各部署のリーダー、さらには社内の社員全員が、人を大切にする経営のファシリテーションを行うことができるようになれば理想的です。少なくとも人本経営を志す場合には、次世代リーダーの条件にファシリテーション能力があることを明記しても差し支えないでしょう。メンバーに動機付けできるファシリテート能力を身に付けた次世代リーダーを育成していくことで、確実に「いい会社」が形成されていくことになるからです。

いい会社をつくっていくための行動

人を大切にする会社をつくりたいと理念を掲げ、実現していくためのクレドやミッションステートメントなど行動指針をつくり、朝礼やミーティングで行動確認を実践していくことはセオリーです。その進め方については前著『元気な社員がいる会社のつくり方』で紹介しました。大事なことは行動指針をつくることではなく、それが社員の心に落ちて、内発的に行動していくことです。ですから、行動指針をつくること自体に時間をかけることは、あまり意味がありません。理念経営の実践が多くの企業で試みられるようになってきたことで、いい事例も学ぶことができます。本書で紹介している「いい会社」のサイトでも十分な情報を得ることができるはずです。大切なことは本質的には変わらないので、いろいろな会社の行動指針を見て、自社に合いそうなもので構成してみましょう。そして、フィットしたらそれをさらに深く落とし込んでいき、フィットしないと感じたら別のものに差し替えればいいのです。

ここではとても参考になる事例として、サーバントリーダーシップの見本としてご紹介した**ファースト・コラボレーション**の行動指針をご紹介しましょう。

あなたにとってその存在は?と社員のみなさんに問いかけると「お父さん」「まず相談する人」「一緒に悩んでくれる人」「アドバイスしてくれる人」「真似したい人」といった武樋社長像が返ってきました。社員が心から仕事を楽しみ、会社を愛していることが紛れもなく伝わってくる見事な経営を実践しています。知れば知るほど近づきたいと思わされます。同社では「ファーストイズム」という、常に意識している心構えがあります。

以下、特に参考になりそうな「ファーストイズム」です。

ファーストイズム　～私たちの大切な心構え～

ひとりひとりの顔が見える会社にする。

・社長が主役なのではなく、スタッフ全員ひとりひとりがこの会社の主役であり会社の顔（看板）である。そして、主役としての行動・発言をする。

コミュニケーションを大切にする。

・常に良い感情的コミュニケーションを意識し、良いチームの雰囲気作りを心がけていく。
・相手の視点に立つ

相手に元気を与える気持ちのいい返事をする。

・依頼・指示されたらいい訳や理屈を言わず、素直に「ハイ！」、「わかりました！」など、好感度の高い反応をする。
・返事だけでなく、即行動、現状・完了報告をする。

相手の目を見て笑顔で話す。

・ＰＣや書類を見て話すのではなく、相手の目も見て話し気持ち（考え）を伝える。
・話の語尾まできちんと話す。

姿勢を良く。元気に歩く。ハキハキ話す。動作はテキパキと。

・元気ハツラツな笑顔、声、行動で参加するだけでなく、意欲的に行動し周囲のモチベーションも上げる。

共に育つ。

・新入社員だけが学ぶのではなく、先輩も伝え（教え）方を学びその時に応じた伝え方を考えていく。

・教わる事を当然とせず、自ら相談し行動していく。

目的と目標。

・目的の為に目標がある。【目的】の為に、3ケ月【目標】を立て実行し検証する。

問題対処より問題解決。

・対処は一時しのぎであり、何の解決もしていない為再発する。

・問題が生じた時、自らの経験・能力を過大評価した狭い判断や思い込み判断、あいまい判断ではなくキチンとした裏付けのもと、その根本的な解決に取り組む。

変化こそ経営。

・従来のやり方にとらわれず仕事の仕方を創意工夫し、効率のアップをはかるなどスキル向上を心がける。

参加すること＝発言すること。

・意見が同一であっても、同じである等発言することはできる。無言は欠席していると同じである。
・自分が獲得した空室情報やトラブル情報、電話連絡などがその後どのような結果となったのかについて確認するなど、会社全体の業務の流れについて関心を持つ。

プラス発信、プラス受信。

・自分の言葉に最も影響されるのは自分。プラス言葉は自分を変える。
・出来ない理由を言う前に、出来る条件を見つける。
・マイナス要因もプラス発信の心で発信する。
・受信する側は、マイナス発信されたら相談と捉え解決に向かう。
・不平不満、批判、陰口、愚痴を言うと自分も周囲もツキを無くす。

どう来てもらうかより、どう帰ってもらうか。

・来店してもらう事よりも、次にどう繋がる帰り方をして頂くかを考える。
・帰り道に「いい店だったね」と話して頂けるように。

おもてなし経営。

・自分の担当以外の顧客についても担当者不在時には担当者になりかわって迅速・丁寧な対応をする。

・誰に聞いても分かる店舗を目指す！（情報共有できている会社は、担当者だけでなく会社全体に安心・信頼感をもたらす）
・お取引先やオーナー様のご来店時などには自ら率先して応対にあたり、他の者と協力しながら【全員接客】することを心がける。
・お客様満足の向上に向けて自分にできることは何か？何をしなければならないかを常に意識、行動する。（来店時は、こちらからお声かけをする、電話は2コール以内に出る、保留音は1分以内とする等）
・（社内おもてなし）業務の連携を意識し、後工程に配慮した処理・対応し催促されるような迷惑をかけない。

なるほど、空気感のいい会社づくりができそうだと実感させられます。同社では、この「ファーストイズム」でつづられた一つ一つの言葉に順番をつけず、全部が同じく大切と意識しています。日常の中で意識し、互いに言葉に出し、いつも共有していく努力をしています。

2

次世代リーダーの人間力を高める

人本経営のリーダーに最も求められる資質

いい会社をつくっていくための行動の共通認識ができました。ただ、これは言語だけです。現実にこれらが日々の仕事でみんなの心に落ちていくためには、経営者をはじめとするリーダーのファシリテーションがとても重要になってきます。

では、どうすればより良いファシリテーションが実践できるようになるでしょうか。仕事に関する専門知識や技術力、あるいは語学力やスキルといった仕事力があることももちろん求められますが、人本経営におけるリーダーに求められる最も必要な資質は人間力です。どんなに高度な技術を持っていても、寡黙で語らない昔の職人気質の態度では、周りの社員のモチベーションは高められず人本経営では無意味です。土台にしっかりと人間力がある上で、技術力、仕事力がさらに磨かれて生きてきます。

大切なものは目に見えない

真心のこもった仕事で発注者の心を捉えて離さない神奈川県の工務店、**近代ホーム**株式会社は発注しても着工が2年後というほど評判で「行列ができるハウスメーカー」として知られています。通常、大工工事は外注することが一般的な業界にあって、自前の大工を社員として育て上げる人づくりに心を砕いています。創業者の松本祐会長は、社員大工に対して、よく次のことを語りかけるそうです。

「人は『あいうえお』を大切に生きていくことが肝心です。『あ』は愛。『い』は命。『う』は運。『え』は縁。『お』は恩。このことを心掛けて日々を過ごせば、『あいうえお』の後には、必ず『か』がついてきます。『か』は、お金です。『あいうえお』は、全て目に見えないものですね。本当に大切なもの、重要なものは、目に見えないものばかりです」

人間力は目に見えない能力です。松本会長は大工技術の根底にその目の見えない人間力が大事だと分かりやすく諭していのです。

人間力とは何か

人間力とはいったい何なのでしょうか。少し掘り下げてみましょう。「あの人は人間力が優れている」といったらどんな人を思い浮かべるでしょうか。

・思いやりがある
・気配りに優れている
・自発的に行動している
・大きな課題にも果断にチャレンジしている
・本気で生きている
・常に学んでいる
・人脈が広い
・人柄がいい
・損得で生きていない
・穏やか

・影響力がある
・信頼感がある
・頼りがいがある
・向上心がある（現状に満足せず、より良くすることを心掛けている）
・コミュニケーションが優れている（褒め上手、聞き上手、叱り上手）
・人間性がいい（感謝の心や謙虚な姿勢を感じる）
・自分に厳しい

こんなところでしょうか。では定義付けをしてみましょう。

人間力の定義

1. 世のため人のために自らの命を生かそうと行動する能力
2. あるべき姿に近づくために課題形成する能力
3. 課題解決のために、自発的に学び、考え、行動し、より良く問題を解決する能力
4. 豊かな人間性を発揮できる能力
5. 心身の健康を維持する習慣を実践できる意思能力

このような能力を総合したものを人間力といい、バランスよく備わっていると人間力が高い

といえます。社員一人一人が人間力を高めれば、素晴らしい組織が出来上がっていきそうです。人本経営を目指すなら、まずリーダーには備わっていることを求めていきたいものです。

どのようにして人間力を高めていくか

これからの時代に求められるのは、人間性に優れた職人であり、人間力ある知識労働者です。そういう人材を育成できない企業は、地球環境に貢献できる商品や、人への優しさを感じさせるサービスが生み出せず、顧客、ひいては社会からの共感性を得にくくなるに違いありません。

これまでは情報格差がものをいいましたが、人本主義社会では人間力を高くする意識格差が、幅を利かすようになってくるでしょう。では、どうしたらその意識を高めていけるのでしょうか。これこそが人本経営での人材育成の大きなカギです。

知識で意識は変えられません。心構えを良くする啓蒙書を読んで頭で理解しても、意識レベルに落とすことは容易ではありません。自己啓発研修に参加して、その時は高揚しても、また元の状態に戻ってしまうことが往々にしてあります。

良心に従う

『7つの習慣』を著したスティーブン・R・コヴィーは「良心とは、私たちの心が澄んでいるとき、原則に沿っているかどうかを感知させてくれ、原則に近づかせてくれるために人間に与えられた賜物である」と記しています。

良心に従って生きていると、原則と調和できると述べているのです。良心を育て自分のものとしていくことは、幸福な人生を送る最大の鍵の一つではないでしょうか。

まず良心を導き出す判断基準を持つことが大切です。

◆正しいか正しくないか
◆自然か不自然か

この2軸は、良心で物事を判断しなければならない時の判断基準として意識したい視点です。これも恩師、坂本先生の言葉です。シンプルですが本当に役に立つものです。いつも心にしまっておき、すぐに取り出せるようにしておきたいものです。物事を頭で捉えるのではなく心で、それも良心で捉える習慣を身に付けることで人間力が向上していきます。

良心を育てる努力をする

日頃、良心が育つような行為を実行することも大切でしょう。良心が育つことと相関があると思われる行動を考え、意識して態度に出していくのです。感謝、あいさつ、謙虚など、大切だとよく言われるこうした行動や態度は、実は「良心を育てる」効用があるのです。だからこそ、これらのことが人口に膾炙してきたのでしょう。

具体的にはこのような行動です。

◆感謝する
◆明るいあいさつを交わす
◆利他の気持ちを持つ
◆足るを知る、欲張らない、食べ過ぎない、飲み過ぎない
◆嫉妬しない

努力すべきことは、意識して良心が育つような情報をインプットし続けることです。日々以下のような努力をして習慣化していくと、幸せ感が向上してくるに違いありません。

良心を育てる努力目標

◆良心のある人と付き合う
◆良書を読む
◆一日一善を実行し続ける
◆良い情報を入手するよう努力し、下らないもの(*)に触れない
(*根拠のない終末論や悲観論者の本など無意味にモチベーションが下がるものや、刹那的な我欲だけを満たすもの(猥褻な映像、品のないお笑い)など
◆悪口、陰口を言わない

これらの他にもいろいろな判断基準や行為、努力目標が考えられるでしょう。どんどん実践してみて、それにより幸せ感が増す実感が得られれば、それは間違っていないものと確認できます。効果がないようでしたら、それは間違った設定であったと改善していけばよいでしょう。
前述した**ファースト・コラボレーション**のファーストイズムをあらためて読むと、どれもが良

心が育つ心構えだと確認できます。

3 職場での幸せ4原則実践法

いかにしてメンバーの幸せを極大化するか

50年以上も障がい者雇用を実践し続け、日本中に忘れかけていた大切な良心を取り戻すことに多大な貢献をされた**日本理化学工業**の大山泰弘会長が、禅寺の住職との対話で人間の究極の幸せとは何かということを悟らされたということを前述しました。

再掲すると、「人に愛されること」「人に褒められること」「人の役に立つこと」「人から必要とされること」の4つで、愛されること以外の3つは仕事を通じて得ることができる幸せであるというものです。

振り返れば、自分自身が仕事にやりがいを感じるのはまさにその時だと大山会長は悟り、以後、障がい者が幸せを感じられる職場として日本理化学工業を持続発展させていくことを目的として定め、今日に至ります。実際に自分の仕事で考えてみても確かに実感できるのではないでしょうか。

そうであるならば、「幸せ軸」の人本経営を目指す会社の経営者やリーダーは、社員にこの4つの幸せを具体的に実感してもらうためにはどうしたらいいかを考え、実践していくことが重要な経営課題となります。メンバーが幸せの体感を極大化させていくことが、最も重要なマネジメントテーマだといえるのです。

では、どうすれば職場での幸せ4原則が実践できるのでしょうか。検討していくことにしましょう。

その1　必要とされている実感をつくる

仕事の場面で考えると、いきなり愛しているとか歯の浮くような褒め言葉を乱発しても滑稽な感じがしてしまいますので、まずはメンバーが「必要とされている」という実感を持っている状態をつくることからスタートするのが自然ではないかと考えます。

自分が必要とされている実感を持てるようになるには何が必要なのか考えてみましょう。

やらされ感を徹底的に排除する

ただ指示されてやるだけの作業で仕事が終わっている限り、その仕事は誰かに代替可能となり、特に自分が必要とされているわけではないという感覚になってしまうことでしょう。単純作業であっても、そこに意味が込められれば俄然イメージが変わってきます。食品トレーのメーカーである株式会社**エフピコ**では、たくさんの障がい者が働いています。障がい者の方がしているトレーの選別の仕事は単純作業ですが、機械にできない仕事であり、自分たちが選別しなければ、同社の強みであるリサイクル事業が成り立たないという意識が一人一人に伝えられ、本人たちもそれを認識していますので、とても使命感を帯びた仕事になっています。そこに自分たちが関わっていることで、必要とされている度合いのボルテージはとてつもなく上がっています。

期待が分かる

その仕事が会社にとってどれだけ大事であるかということを感じとってもらうために、メンバーとその仕事の意味を理解するための対話を十二分に行い、怠らずに説明していくことです。新たな仕事の指示をする時には、必ず全体の中でどういう意味がある仕事で、そのメンバーのどんな能力発揮を期待しているかということを落とし込んでおきます。

必要な設備や道具がそろっている

意味のある仕事であることが理解でき、自分の力を発揮することで役に立てそうだ、と対話によりメンバーの理解を進めることができました。次は、その仕事を進めていく上で与えられている、あるいは用意されている道具類が釣り合っているかということにも気を使っておかなければなりません。

煉瓦職人に、煉瓦をただ積むだけの作業ではなく、将来そこに住む家族の幸せづくりに貢献する仕事だと意味を語り、本人がその気になっても、セメントがいかにも粗悪なものであったり、パテがいかにも使い古したぼろであったりしたら、仕事に心が入り切るわけがありません。こうした細かな点にも配慮が行き届いて環境が整った時、人はやる気になり、１００％を超える仕事をしていくでしょう。

必要とされている実感が持てるような配慮が進んでいくと、社員の表情が変わってきます。しかし、まだ「必要とされる」ということが感じられた段階です。幸せを得るためには、必要とされて仕事をした結果、確かに「役に立った」という実感が持てる次の段階へのマネジメントが必要になります。

その2　役に立っているということを見える化する

各人の仕事をして、それが役に立ったと感じるためには、具体的なフィードバックがセットで必要になります。

感謝状、サンキューレターなどを共有化する

役に立っていることを確実に実感できるのは、顧客からの感謝があった瞬間です。感謝状やサンキューレターが届いたら、必ず社内での共有化を図りましょう。社内報を発行しているのであれば、格好の記事対象になります。また、その事例を朝礼の場で取り上げて組織的に士気を高めることにも意義があります。

役立ち目標を設定する

仕事を通じてどのようなことで役立ちを実現していきたいか、ということを明確にする習慣をつくります。目標管理制度を導入しているのであれば、今期の役立ち目標、今月の役立ち目標などを設定させることで、誰かの役に立つ仕事をし続けているのだという意識を啓発できるでしょう。制度がなくとも役立ち目標を設定させることは、仕事を意味あるものにしていくために重要です。

その3　褒めることを仕組み化する

役に立つ仕事を実践できるようになると、おのずとこの〝褒める〟行為が伴ってくることは明白ですが、表彰制度などの制度を導入して褒めることを仕組みにしていくと、さらに効果的です。承認欲求を満たすマネジメントは人本経営においては特に重要ですので、次項で詳細に考察していくことにします。

その4　愛されること〜新・三方よしの実現

人本経営が際立っていき、それこそ本で紹介されたり、日本でいちばん大切にしたい会社大賞の受賞が現実化してくると、もはや社会から愛されるレベルの会社になっていることでしょう。それはまさしく究極の目指したい姿です。

さらに社員に愛されている実感をもってもらうためには、家庭での幸せを実感することを仕事が妨げない状況をつくっていくことです。特に子育て中の社員にとって、入学式や運動会、卒業式など子供の二度とないメモリアルを家族で共有できるかどうかは、人生の幸福感に関わる問題になります。**天彦産業**や**ファースト・コラボレーション**のように仕事の事情より家庭の事情が優先される企業風土をつくっていきましょう。もちろん、女性社員が子育てでいったん離職しても、また戻ってきて生涯働くことができる環境も整えていきます。

かつて近江商人が「売り手よし・買い手よし・世間よし」の三方よしの理念を商売の根幹に据え、社会の信頼を得ていったことは有名です。人本経営において三方よしとは「社員満足」「顧客満足」、そして「家庭満足」の3つの満足の充足度を高めていくことにほかなりません。人を大切にする永続経営は、この三方の満足なくしてその実現はあり得ないからです。

4

褒める技術 〜〝褒める〟ことの大切さを再認識する

承認する行動が人を動かす

かつて連合艦隊の司令長官だった山本五十六が、「やってみせ、言って聞かせて、させてみせ、褒めてやらねば、人は動かじ」と訓示を垂れたという話は有名です。

まずはリーダーが率先垂範して模範を示し、その仕事の意味について丁寧に説明して相手に傾聴させ、気付きを起こさせた上で行動を促して、できたのであれば当たり前という態度ではなくて承認する行動を取ることが大事だと説いているわけです。そうすれば相手はこちらの意を汲んで動くようになると言っています。人の動機付け要因が見事に込められた格言であると感じます。

率先垂範は、リーダーシップを発揮して相手の目の前で実際に行動することで、そうやるとそういう結果が得られるのかという学びと、自分も模倣してみようという気付き、そして、自分にもできると気持ちを奮い立たせるモチベーション喚起の起点になる行為といえます。

知行合一は理念浸透のための重要な指針

理念を〝言って聞かせて〟、つまり唱和したり、読み合わせしたりして理解させたとしても、それが実際の行動、〝させてみせ〟の段階に具体化しなければ理念は浸透したことにはなりません。知っているということは、実際に行動ができて初めて知っている状態になることを、全社員の共通認識にしていきます。このことを「知行合一」といいます。これこそが理念が現実のものとして形づくられるための原動力になると言っても過言ではありません。

そして、それができた時には褒めてやれというのは山本五十六の卓見です。この格言のベースになった米沢藩主上杉鷹山のそれは「してみせて言って聞かせてさせてみる」となっています。褒めよ、までは言及していません。しかし、褒めることの重要さを山本は説いたのです。

しかも、右を向けと言えば右を向かせることがなんなくできる軍隊の長が、圧力や階級にものをいわせて人を従わすのではなく、丁寧な対応をし、さらには褒めることが重要だと言っています。

戦場という極限状態にあって、絶大な信頼関係の構築なくして戦はままならないでしょう。それゆえに、このような訓示がなされたと解釈します。ことほどさように〝褒める〟ということは人間関係を良好に保つ強力な行為といえるのです。

それでは、具体的に褒める場面について考察してみましょう。

成長を褒める

まずは指導や指示した仕事をこなし、一定の成果を見た時にそのタイミングがあります。いわゆるホウレンソウの時にその機会が多いでしょう。相手が達成した仕事の事実を踏まえ、今までできなかったことができたこと、見て取れた努力などを認めて褒めてあげましょう。

貢献を褒める

誰かの役に立ったという事実があった時も、褒める好機です。特にお客様からのサンキューレターなどがあった場合には最高の褒め場面となります。全社員の前でその事実を紹介するか、情報共有して称えましょう。そして、なぜそういう仕事ができたのか本人に語らせると、それが今度は他の社員への〝やってみせ〟につながっていきます。

継続を褒める

いわゆる凡時徹底の実践が他の手本になるくらいまでになった時も、褒めるタイミングです。特に何年も朝早く来て掃除をしてきたなど利他心の発揮を捉えることができたなら、最高の承認となることでしょう。ブログやメルマガを書き続けてきた、などもいいかもしれません。隠れた努力に光を当てます。

個性を褒める

その人が持っている良さや強みなどがいかんなく発揮された時、「さすがに、○○さんは違う」というように、その個性をあらためて褒めていきましょう。長所は自分でも意識しているところですから、それを褒められれば、さらに存在感を高めていく動機付けにもなることでしょう。

態度を褒める

いつも元気な笑顔で人と接していたり、謙虚な姿勢が見られる、相手に対する感謝の姿勢が素晴らしい、あるいは礼儀正しさが際立っていたなど、周囲に好影響を与えている人間力の発揮が見られる場合にも褒めていきましょう。これは人に優しい企業文化の形成に寄与します。

以上のような場面では、率直に相手の心に響くため、おだてることにはならず、褒めたことがより良い人間関係構築につながっていくでしょう。自分自身が褒められてうれしくなった時、ますますやる気が高まった時はどういう時であったか、あらためて考えてみて、相手にも同じことをしていきましょう。

褒める仕組みをつくる

日々の職務の中で、褒め合う文化をつくっていくことは大切ですが、機を捉えて実践していくことはなかなか容易ではありません。そこで仕組み化すると、さらに効果が期待できるでしょう。例えば朝礼など定期的に社員が集う機会にスピーチした発表者に対して、他の社員が感謝を具体的に伝えるプログラムを組んだり、スピーチ後に他の参加者からフィードバックシートに記入してもらって、日頃、その人に対して気付いていることや、いいと思っていることを箇条書きにして渡したりします。ただスピーチを聴くだけでなく、フィードバックが入ることで、社員同士の関係性がさらに良くなっていきます。

筆者が「社風をよくする研修」を実践する場合には、意図的にそうしたプログラムを取り入れていますが、これがなかなか効果的です。褒めることで想像以上によい人間関係が構築され、相互信頼を高めることができるのです。褒めることの大切さを再認識しましょう。

第6章

人を大切にする会社のパートナーシップ

1

取引先、協力会社は下請けではなくパートナーとして尊重する

事業継続に欠くことのできない「社外社員」

人本経営では、労使ではなく同志という関係性が重視されると説明しました。さらに取引先や仕入先、協力会社との関係も、受発注関係を超えたパートナーシップで関係付けることが極めて重要になってきます。坂本教授は、企業経営は5人に対する幸せの追求と実現だと述べられています。5人とは、「社員とその家族」「社外社員とその家族」「顧客」「地域住民」「株主」です。幸せを実現していく優先順位もこの順番であることが大切だと説かれています。

2番目の「社外社員」とは聞きなれない言葉ですが、「幸せ軸」の人本経営ではとても重要な

存在として認識しています。なにしろ「顧客」より優先順位が高いのです。

「業績軸」の世界では、企業同士は競合、競争相手、しのぎを削り合う関係性にあると常識的に考えられてきました。そして社外の関係会社とは元請、下請あるいは外注先といった商売上の取り引きの関係で、あくまで発注者側が上位概念にあることに、ほとんど誰も疑いを持たずに商慣行が繰り広げられています。競争力を付けるために、いかに安く仕入れてコストを確保していくかが命題となり、不況になると下請いじめのニュースがよく報じられます。

しかし、人本経営ではそうではなく、社外の取引先や仕入先、協力会社もまた社内社員と同様にかけがえのないパートナーであり、事業継続していくためには欠くことのできない存在として、絆感を高め続けていくことが重要と考えます。ですから「社外社員」と形容されるのです。

パートナーがいるからオンリーワンになれる
——東海バネ工業株式会社

考えてみれば、人は一人では生きられません。これは大原則です。企業だってそうであるはずです。「業績軸」にとらわれ過ぎたあまり、こんな当たり前のことを見失っていました。

一つ代表的な事例を紹介しましょう。「多品種微量生産」をモットーにバネ5個から受注し、それでも高収益を実現しているのは大阪の**東海バネ工業**株式会社です。他社ができない手間のかかる仕事や単品ものの仕事に特化し、さまざまなバネを平均受注ロット5個という微量で受注し、製造し、供給する仕組みを構築しています。

オンリーワンと言っていい希少価値が、同社の成功要因です。このシステムがうまく回っているのは、顧客、社員、仕入客先の三者が満足し、協力し合う関係を構築しているからです。ちなみに、同社では材料の仕入業者や加工処理の外注業者を「仕入客先」と呼んでおり、間違っても「下請け」と呼ぶことはないそうです。

まず、顧客からは同社の言い値で受注しています。だからといって殿様商売をしているわけではありません。顧客の要望に対し、それを解決する精度の高い製品を提供することで貢献しているのです。その代わりに、価格は同社が設定した額です。顧客の評価は、クレーム率0・097%という数値やリピート率ほぼ100%という数値に表れています。

仕入客先との協力関係を示す事例として、例えば同社のメインの仕入客先は鋼材を扱う商社や問屋ですが、鋼材の仕入れには通常、3、4カ月かかります。そのため、鋼材の不足が生じないように在庫を管理しているのですが、現実には突発的な受注で在庫切れになることがあります。このような時、同社の仕入客先はあらゆるところの在庫を探して納品してくれるのです。この支援体制により同社は納期遵守率99・97%という高い成果を上げています。

なぜ、このような強い結び付きができているのでしょうか。それは、同社が供給業者を対等のパートナーとして捉え、日頃からそのような付き合い方をしているからにほかなりません。同社が言い値で受注しているように、仕入客先にも同様にしています。つまり、仕入客先から提示のあった価格で仕入れているのです。そして、支払いについても翌月現金払いという好条件で取り引きをしています。毎年1月には新年賀詞交歓会を開催していますが、そこに招待するのは顧客ではなく、仕入客先関係者で、その人数は150人余りにも上るということです。さらに、特に付き合いの深い仕入客先26社とは「東和会（とうわかい）」という勉強会も開催しています。年4回の会合を持ち、そのうち、夏は暑気払い、残り3回は経営者勉強会を開催し、外部講師を招いて経済や経営についてタイムリーなテーマを勉強しているそうです。

このような一体感のある付き合いをしているから、仕入客先は「いつ言ってきても、何を言ってきてもいい」と協力してくれる貴重なパートナーになっているのです。

東海バネ工業株式会社

――大阪府大阪市。渡辺良機社長。金属ばね製造業。「多品種微量生産」システムで社員と仕入客先が満足するビジネスモデルを作り上げている。顧客に言い値で販売するが、仕入客先からも言い値で購入している。2008年ポーター賞受賞、2009年中小企業IT経営力大賞受賞。

新時代を生き抜くために社是を変更――西精工株式会社

四国の徳島県にある**西精工株式会社**も、協力会社とのパートナーシップを重視して高収益体制を実現しています。2008年に新しい「経営理念」を実現させていくために、まずそれまで毎日唱和していた「社是」を捨てた、と西泰宏社長はおっしゃいます。

当時の「社是」には「良品をより安く」とうたわれていましたが、大量生産の時代が終わったと認識した西社長は、これには違和感があるとすっぱりと捨てる決意をしました。価格競争はしないという経営者の本気度の表れの一つです。では何で勝負するのか?と悩んだ結果、四国の中の徳島という地理的に不利な状況をメリットに変えようと考えました。

発想を転換し、輸送コストが削減できる、小さくて付加価値の高い製品に特化していく方針を打ち立てました。1300アイテムの多品種少量生産されるナットが、同社の主力部品として徳島から世界へと広がっていきました。成果を生み出すために、西精工一社ではできないことを謙虚に受け止め、ビジネスパートナーの協力を求めました。ビジネスパートナーの技術と自社のノウハウが融合することで相乗効果が生まれ、Ｗｉｎ－Ｗｉｎの関係を構築することができた、と西社長は話されています。「顧客本位」を貫くため、常日頃からパートナー企業と仕事を超えた思いを共有することが重要だと感じ、情報共有を目的として西社長自身が定期的にパートナー企業を訪問しています。

西精工

徳島県徳島市。ファインパーツ（ナット）製造販売業。現在の西泰宏社長就任後、会社は大きく変わっていった。社長就任後、もっといい会社にするためにはこうあるべきと「べき論」で社員に接していたが、これではまったく成果が出なかったと回想。社員と本気で対話するようになってから結果が出始めたという。売上高経常利益率はリーマンショックのあった年を除き、過去5年間は10％を下回ったことがない。第1回四国でいちばん大切にしたい会社大賞受賞。第3回日本でいちばん大切にしたい会社大賞受賞。

多品種少ロット多材質の実現——辰巳工業株式会社

大阪にある特殊鋼製造の辰巳工業株式会社でも「多品種・小ロット・多材質・高品質」の提供が生命線と考え、実現のために経営資源を集中させています。辰巳施智子社長は同社のアピールポイントを「『多品種・少ロット・多材質』に対応できる企業であることです」と語ります。

鋳物工場というと年配の職人がいぶし銀の技術力を発揮しているイメージがありますが、この会社で働く技能工のみなさんはとても若いのです。2000年頃から、どんなに経営環境の厳しい時も、毎年1人だとしても、新規採用を続けています。

同社では、大企業の現役を退いた専門家を顧問として招き、うまく彼らの力を引き出しています。取り引きのお得意様のOBが同社の若い技術者を熱心に育て、技術の伝承が進んで、同社は高い技術力を誇るようになりました。辰巳社長は、縁ができた専門家のアドバイスを素直に受け入れて、経営に反映させています。

そしてやはり、多品種小ロット生産の実現のためには融通が利く外注先、仕入れ先との信頼関係が何よりも大切だと考えています。そのため手形をなくし、なんと20日締めの当月末払いを実践しています。「うちと取り引きして良かった」と喜んでいただきたいと、辰巳社長はおっしゃっていました。それだけのことをされたら、パートナー企業もこの会社のためにより貢献していきたいと思い、良好な関係性が保たれることは間違いないでしょう。

辰巳工業

大阪府茨木市。辰巳施智子社長。社員数36名。主要製品は創業当初からの銅合金鋳造品、現在主力のステンレス鋼をはじめとする多岐にわたる材質や形状の特殊鋼鋳造品、自社固有技術を生かした各種の大型炉用バーナーノズルなど。製品を出荷する際には、いつも「頑張ってこいよ」という気持ちで送り出しているという。

2

後悔しないパートナー選びのための基準

継続するＷｉｎ－Ｗｉｎの関係を築くために

事業をしていく上で、誰をパートナーとしてアライアンスするかは重要な選択です。このことで過去に痛い目に合ったという人はたくさんいるのではないでしょうか。けんか別れのような気まずい思いをして別れた経験はつらい思い出です。できれば二度と繰り返したくないものです。失敗しない「パートナー選びの基準」を考えてみることにしましょう。

まず、なぜパートナーシップが持続できなかったのか、失敗要因を考えてみましょう。

仕事上のパートナーとうまくいかなかった理由

1.自分が満足しようとして、相手に不満を抱かせてしまったため長続きしなかった
2.パートナーとなった動機が明確でなかった。何となく双方得するのでは、といった打算によるスタートだった
3.対話の機会がほとんどなく、相手を尊重していなかった
4.価値観の相違があり、だんだん甚だしくなって修復不能に陥った

共通することがありそうです。失敗要因をつくっているのは相手ではなく自分であるということです。失敗要因が全て内にあるということは、パートナー選びに限らず往々にしてあることです。では、どうすれば後で後悔しないパートナー選びが実現できるのでしょうか。

後悔しないパートナー選びのための基準

◆とにかくまず、何のためにパートナーになるのかということが明確で、自分も相手も完璧に一致していることが確認できている
◆心の底から相手に共感・共鳴できる

◆自分も相手も本気である
◆相手がもうかることが心からうれしいと思える
◆どちらかに依存するのではなく同志であり、1×1が2を超える掛け算の関係である
◆心と心でつながっている

いかがでしょうか。全て合致する相手でしたら相当にいい関係が構築できそうです。そして、失敗要因で見たように、大事なのは破綻原因を絶対に自分からつくらないことです。

特に重要なのが価値観です。仕事とは関係ありませんが、裁判で申し立てられる離婚の原因も性格の不一致、すなわち価値観の相違が最多です。価値観は人間関係を強固に結び付けますが、半面、破壊する力も兼ね備えています。ですから最初の段階で損得ではなく、目的・理念といった価値観で一致していることが何より重要です。最初から腹を割れる確信がなければ、盟友関係はつくらない方がよいでしょう。そして、いったん走り出したら、価値観の違いは違いであって間違いではない、ということを、双方十分に理解して行動していくことです。

パートナーシップは、相手からよりたくさんのものを与えられていることに気付き、感謝を忘れないようにすることが持続の鍵となるでしょう。数多くのパートナーとＷｉｎ－Ｗｉｎの関係をつくっていくことが、人本経営を確かなものにしていきます。

第7章

「いい会社」から「大切にしたい会社」になるために

1

人を大切にしている会社かどうか見極める「4人」の扱い

「4人」を見れば人を大切にしている会社か分かる

人を大切にする会社づくりを実践して、かなりいい会社になっても残ってしまいやすい障壁があります。本章では、その障壁について解説していきます。ぜひ、いい会社でとどまらず、社会から大切にしたい会社だといわれる次元に経営の質を高めていきましょう。

その会社が人を大切にする会社であるのか、そうではないのかを分かりやすく判別できる方法があります。それは、4人に着目することです。4人とは「若者」「女性」「障がい者」、そして「高齢者」です。

「若者」については、第1章、第2章で詳説した通り、平成世代の新人が憧れて入社してくるような会社なのか、そして、確実に定着しているのかということです。

将来、子供と一緒に働きたい——株式会社さんびる

「今はまだ独身ですが、将来子供ができたら一緒に働きたい」

2009年に高卒で入社した平成世代の社員にこう言わせているのは、島根県にあるビルメンテナンス業の株式会社**さんびる**です。

この社員は高校2年の時、友人から「さんびるは明るくていい会社」ということを聞いて興味を持ち、企業見学や自主研究をするうちに同社の雰囲気に憧れるようになり、就活は同社一本に絞ったそうです。見事、高校新卒で同社に就職しました。現在の感想は「思っていた通りの明るさがあります。入って良かったと思います」とのことでした。

さんびるのいいところは、1000人を超える社員がいるのに田中正彦社長をとても身近に感じるところ、社員みんな仲がいいところ、そして、何でも言える環境があって日々ストレスなく働くことができるところだそうです。会社を人として成長できる場、前向きでいられる場であると捉えており、会社への信頼が相当に厚いと感じました。

己さえ良ければという人はつくらない

現在、さんびるの社員数は1200名を超え、まさしく地域の雇用を担う存在になりましたが、田中社長は、今でも年に1回は必ず個別に社員一人一人と関わる時間を工面しています。これは並大抵の努力でできることではありません。まさしく本気なのです。

10人採用して結果3人会社に合った人材が出ればいい、という考え方を、田中社長は否定します。それでは経営者として覚悟が足りない。3人雇い入れたら3人とも全員、会社に定着させるよう本気で人育てをしています。

さんびるの人材育成で重視していることとして、田中社長は以下のことを挙げてくださいました。

◆己さえ良ければという人はつくらない
◆一人一人が少しでも昨日より心の成長をする
◆目に見えないが大切なものを大事にしていく
◆人づくりは環境づくり
◆徳を積むくりかえし教育

毎年、大勢の地元の高校生の新卒者を採用していますが、入社式には父兄を呼んで、こう宣言するのだそうです。

「お預かりした限りは、100%育て上げさせていただく」

今ある命はどこから来たのかといった親孝行の大切さなどの訓話をされ、会場は参加したお父さん、お母さんが感涙にむせびなく声で包まれるのだそうです。

社員同志お客様の実践

また、さんびるでは「社員同志お客様の実践」を合言葉に、助け合い、励まし合い、学び合いが頻繁に行われています。具体的には、いわゆる委員会活動であるチーム活動（CS／ES向上チーム、教育チーム、ISOチーム、いしずえチーム、感動DVD作成チームなど）や、全社員の誕生日に自宅に届く誕生祝い、社長賞をはじめとする表彰制度、永年勤続旅行、社員交流会、ビルクリーニング社内競技大会、創業祭、経営方針発表会、全社員参加の経営を実現するための年間研修の実施など、社員同士の絆を固くするイベントが目白押しです。

結果、社員満足度が高められ、87%の社員が「さんびるに入社してよかった」と2012年のES調査で回答しています。さらに立派なことは、毎月発行している社内報『喜窓』にこうしたES調査の結果を掲載し、社員の家族に対しても知らせているところです。

Ａ４、８ページの社内報には誕生祝いの際のやり取りや社員紹介、社長賞の表彰者紹介やさまざまなイベントについての実施報告など、社員を中心とした情報がびっしりと掲載されています。この社内報を見るだけでも、同社の明るい風通しの良い社風が伝わってきます。

お客様満足は社員の満足から、とこのようなＥＳ向上に取り組んでいるのですが、顧客満足度についても定期的にＣＳ調査を実施していて、２０１１年の調査では多くの質問項目で総じて90％以上の満足度を得ています。とりわけ際立っているのは「弊社スタッフはお客様に元気なあいさつをしていますでしょうか？」の質問で、顧客の回答は１００％「している」でした。ビルメンテナンスという事業において、あいさつの重要性は強調されてしかるべきポイントですが、誠に素晴らしい結果となっています。技術についても各種のＩＳＯを取得し、品質保証のための仕組みづくりにも余念なく、お客様の声を吸い上げることを実践し続けています。

さらに特筆すべきことは地域貢献活動です。同社の地域の障がい者を法定雇用率を上回る率で雇用していることに加え、農業教室、小学生ドッジボール大会、少年野球大会、レディース卓球大会、さんびる杯カラオケ大会、健康フェスティバル、感謝祭の開催や葦植えボランティア、托鉢活動など、実に多くの機会をつくり地域住民との交流に積極的に取り組んでいます。

こうした取り組みを始めて10年がたち、さんびるは、働く社員の誰もが誇れる会社へと成長してきたのです。２０１３年の夏は山陰地方をかつて経験したことのない豪雨が何度も襲い、水害がたびたび発生しました。これだけ心ある人材教育が施される社員たちは、地上階はもちろんのこと、地下にオフィスがあるクライアントに対しても助け合い、知恵を出し合い、格別のフォローをして1社も浸水させることなく乗り切りました。他社のオフィスの多くが水害にあっている中、これは驚異のパフォーマンスです。顧客からの「やっぱりさんびるはすごいな」との賞賛が、社員一人一人のここで働く誇りをさらに高めています。誇りを持って仕事をしている先輩社員たちがいる会社では、平成世代の若者たちも間違いなく定着していくでしょう。

ある事件をきっかけに人本経営を実現

さんびるがここまでの人本経営を形づくることができたのは、ある事件がきっかけでした。10年ほど前のある日、事件は起きました。

「そのような職員はおりません」。その社員は会社から派遣されて、ある病院で清掃業務に携わっていました。その社員が子供を預けている保育所から勤務先の病院に緊急の連絡が入ったのですが、病院側からはそのような名前の職員はいないとの返事が返ってきました。その社員は、保育所へ提出した家庭状況届の勤務先欄にさんびるではなく、病院を記載していたのです。田中正彦社長はその社員に、なぜ、わが社を勤務先にしなかったのかと問いました。すると「お掃除会社に勤めていると書くのがいやだったんです……」という返事が返ってきました。

この答えに田中社長は大変なショックを受けます。うちの会社は勤務していることを人様に名乗れないのか、一生懸命に経営してきたつもりなのに、こんなにつらいことはない……。

しかし、この事実を田中社長は厳粛に受け止めます。

経営の在り方を変えなければならない。どうしたら社員たちが会社に誇りを持ち輝くことができるか、このことを追い求め2001年に構造改革推進委員会を立ち上げ、明るく元気で地域になくてはならない存在になっていくことを目指して、経営改革を次々に断行していきました。

役職呼称をやめフルネームのさん付けで呼び合うことや、何よりも社長自らが社員と向き合いひざ詰めで対話できる時間をつくり続けていくことに腐心し、一人一人の社員が心からこの会社に入って良かったと思えるように、さまざまな工夫を凝らしていったのです。

株式会社さんびる

島根県松江市。田中正彦社長。ビルメンテナンス業。社員数1075名。ネッツトヨタ南国などをベンチマークして、2004年に人中心の経営革新を図る。社員の方によれば、田中社長自身が変わった結果、経営理念の浸透が図られるようになったという。社内では「社員同志お客様の実践」を合言葉に助け合い、励まし合い、学び合いが頻繁に行われている。2011年の顧客満足度調査では、多くの質問項目で90%以上の満足度を得ている。

2 女性が生涯働ける風土をつくる

人を大切にしている会社は女性が輝いている

筆者が人本経営の指導をさせていただいている顧問先に、共通してきていることがあります。人を大切にする経営を志して数年がたち、新卒採用をし始めていますが、採用する女性社員の質がとても高いのです。視察先でも、人本経営に成功した会社には女性が輝いている職場が少なくないことに気付きます。

例えば茨城県の**坂東太郎**。ファミリーレストランには珍しい女将さんの心配りが売りです。わざわざ女将さんに会いに来るお客様も少なくありません。

例えば**沖縄教育出版**。健康食品を販売していますが、やはり心配りに長けた女性オペレーターの接客が多くのファンをつくっています。

例えば高知県の**ネッツトヨタ南国**株式会社。ショールームできびきびと活動している女性社員には独特の躍動感があります。

例えば埼玉県の**川越胃腸病院**。まるで天使のような女性スタッフの笑顔と応対に患者は心から癒やされ、同病院のとりこになっていきます。

好事例がたちどころに出てきます。

人を大切にする経営を実現することは、働きやすい職場をつくっていくことにほかならないわけですが、そのことと優秀な女性が集まることには、相関関係があるのではないかと考えられます。

「ダイバーシティ経営企業１００選」に見る中小企業の活路

前述した「ダイバーシティ経営企業１００選」では、２０１３年3月に選ばれた43社のうち、従業員３００人以下の中小企業が22社を占めています。経済産業省の担当者は「意識して中小企業を取り上げたわけではなく同じ基準で選んだ。優秀な人材が欲しい中小企業は女性を積極的に採用し、戦力として生かすための環境づくりも柔軟だ」と話しています。まったく同感です。

２０１３年5月10日の朝日新聞に「好業績の源女子力にあり」という記事が掲載されていました。「ダイバーシティ経営企業１００選」に選出された中小企業3社の事例が紹介されています。いずれも女性を戦力にすることで業績を上げている企業でした。

紹介された3社は切削工具業、特殊鋼販売、建設業と、一般的に「男の職場」という印象の会社です。実際、これまでも「いい会社」と聞いて視察に行く製造業では、工員に女性が活用されているケースが少なくありませんでした。

女子力のパワーに気付いても、その会社に働きやすそうな空気感がなければ採用には至りません。しかし、人を大切にする会社づくりをしていれば、面接で企業訪問した際に雰囲気が伝わり、優秀な女子学生を採用できる可能性が高まるのだと思われます。こういうところにも、やはり「いい会社」づくりをしていくことの重要性を感じさせられます。

家族的情愛の感受性は女性に分あり

人を大切にする会社づくりを進めていくと、家族的雰囲気が色濃くなってきます。空気感の良い職場が形成されてきます。その空気感の良さに反応がいいのは、明らかに男性よりも女性なのです。大阪のフレンチレストランの**ル・クロ**は、人を大切にする経営に大成功し、定着率抜群の飲食店です。オーナーシェフの黒岩功さんは、『また、あの人と働きたい』（ナナブックス）という本を著して、ル・クロの人本経営についてまとめられています。人手不足に悩むお店はここの経営を参考にすべきです。

感動を売りにする飲食店、レストランは少なくないでしょうが、ル・クロはつくられたものではない、心からのおもてなしを働くみなさん一人一人から感じられる稀有なお店です。スタッフ、お客様に喜んでもらうことをひたすらに追い求め、お金ではなく心でつながる絆経営を一途に実践してきて、今のル・クロがあります。懇切丁寧なおもてなしで素晴らしい時間が過ごせ、リピーターや紹介客が日に日に増えているお店です。スタッフの笑顔に触れていると、心から楽しく仕事をしているのだなということが伝わってきます。このル・クロでも女性スタッフが元気です。女性マネージャーは、女性は本能的に家族的情愛を与えたり受けたりすることが男性よりもできる、という重要な示唆を与えてくれました。

女性が長く働いてくれるように経営人事上の配慮をする

人を大切にするいい会社を形成しても、まだ名の通っていない中小企業では新人の採用は骨が折れるところです。しかし、空気感の良い職場になっていれば、面接に訪れた若い人たちは働きやすそうだと感じてくれることでしょう。優秀な女性がより反応を示してくれる可能性が高くなります。実際に弊社の指導している先では、そういう現象が起きています。そして、入社すると本当によく仕事をしてくれて、ますます職場の雰囲気を良くしてくれています。

女子力が重要な戦力になるのです。人を大切にする会社は、就職してくれた女性が長期で働いてくれるように、経営人事上の配慮をしています。女性はどうしても30歳前後に出産・子育てというライフイベントが発生しますが、それを織り込んで女性が生涯働くことができるような職場環境を整備していくと、大切にしたい会社へと経営の質が高まります。第4章で紹介した高知の**ファースト・コラボレーション**の取り組みを参考にして、自社らしく実践していきましょう。

3

障がい者雇用に成功することで人本経営に芯を通す

経営理念に基づいた障がい者雇用――アニコムグループ

障がい者雇用は、人本経営に芯を通す重要な経営課題です。法定雇用対策という対処的なことではなく、社員の人間力を高めていく、人を大切にする会社づくりにおいて欠くことができないテーマです。障がい者雇用に成功することで、大切にしたい会社としての社会的認知も高まります。

『障害者白書』（2013年版）によれば、わが国の障がい者人口は約741万人です。ということは、わが国では国民のおよそ20人に1人は障がい者ということになります。そうであるならば会社も同じ状態にしようと、いろいろな部署で障がい者の積極的な雇用を推進しているのが、ペット保険のアニコム損害保険株式会社を中核にした、**アニコムグループ**です。

同社では、社名に掲げた「ａｎｉ（命）＋ｃｏｍｍｕｎｉｃａｔｉｏｎ（相互理解）＝∞（無限大）」を企業活動の根源に据え、「命あるものがお互いに理解し、ともに一つの目的に向かって力を合わせることで、これまで不可能と思われていたことが可能になる」ということを経営理念に掲げて企業活動をしています。

この理念が素晴らしいので、「障がい者雇用においても上記の経営理念が実現されている状態をつくることを目的目標にされてはいかがでしょうか」と筆者が提案したところ、経営者の小森伸昭社長は迷うことなく応じてくださり、常務取締役である百瀬由美子氏と人事管理部を中心に進めていきました。

相互理解ですから、法定雇用率対策のために「特例子会社」をつくるのではなく、本社・支社に普通に自然に障がい者が存在している状態を実現することを目指したいと考えました。

わが国の障がい者占有率と同率雇用を目指す

わが国では、全人口のおおむね5～6％が障がい者とされています。そこで同社でも20人に1人の割合で、いろいろな部署に障がい者が雇用されている状態をつくることを目標としました。リーダーが受け入れたいと理解を示した部署から障がい者雇用を実現する、という方針で進めていくことになりました。

まず、中間管理職以上の二十数名の方を対象に「アニコムらしい障がい者雇用を考える勉強会」を開催しました。何よりも現場の健常者社員の理解が必要で、リーダーが本気になることが重要だと考えたからです。勉強会では、障がい者についての理解を促進し、障がい者雇用によって企業経営にもたらされる効用についての共通認識を図っていきました。また障がい者雇用成功企業の事例研究や日本理化学工業の大山泰弘会長の著書の輪読会なども行いました。

成功を確信できた参加者の声

勉強会に参加したリーダーのみなさんからは、次のような感想、意見が出ました。

「当社には障がい者雇用を進める素地があると再認識した。この仲間と形にしていきたい」

「受け入れるからには『ずっと働きたい』と思っていただけるよう全力で取り組みたい」

「障がい者雇用をきちんと体系的に研究しているケースを初めて目にしたので、新鮮な驚きと興味を持ちました」

「これまでは法定雇用を確保すればよい程度の考えしかなかったが、成功事例に触れ、そうではないことが分かった」

「障がい者雇用にぜひ取り組みたいと思いますが、特別に意識することなく、自然体でいたいと思います。健常者も障がい者も分け隔てなく、同じ思いを持って自然に働いている、そのモデルケースにアニコムがなれればいいなと思っています」

とても前向きでチャレンジ精神にあふれたものが多く、これならば絶対に成功するという感触を得ました。さらに障がい者雇用先進企業の視察を繰り返し、障がい者であっても普通に就労できるところを目の当たりにすることで、ますます自分たちにもできるという確信を得ることができました。

精神障がい者の雇用が増える

その後、地域の障がい者就労支援センターから障がい者を紹介してもらい、面接や一定の選考を経て職場実習を行い、トライアル雇用から正規雇用という流れをつくり雇用数を増やしていきました。特に増えているのが精神障がい者です。アスペルガー症候群、うつ病、統合失調症などの精神障がいがある社員は、２０１４年9月現在、5名となっています。

同社では障がい者を社員として雇用するポイントとして、以下を重視しています。

何らかの特技、得意技があること。暗記が得意、システムに詳しい、緻密な分析が得意など、明らかな長所・強みが感じられ、同社の特定の仕事での能力発揮が期待できる場合に採用の可能性が高くなります。加えて、性格的に明るいことです。障がい者であったとしても雇用することは問題ありませんが、明るさがないとどうしても職場が活性化しなくなるということで、この点を考慮しています。これは障がい者に限らず健常者でも同様でしょう。

小森社長の思う障がい者雇用の経営的意味

小森社長は「障がい者は普通の人とは変わったところがある。だけど集中力が高く作業が格段と早い人が少なくない」と語ります。平均的な人材ばかりを集めていては、これからの時代、新しいサービスを創造する時に仇になると考えているのです。いかに他と違う会社でいられるかということを実践していくためにも、障がい者雇用を拡大していくことはとても重要だと認識しています。障がい者だけではありません。同社を訪れると、女性がたくさん働いており、また金髪の外国人、白髪のシルバー人材、そして若者が躍動しています。まさしくダイバーシティを地で行っていると感じさせられます。

同社に雇用されている当事者の方にもインタビューさせていただきました。Mさんは前職（出版会社）でデザインのリーダーをしていました。10年以上前の26歳の時に過労が原因で精神障がいを負うことになります。当時はデジタル化の進展が社会的に押し寄せており、業務量が急増し残業時間が月平均１４０時間という生活を1年以上続けていたそうです。体調不良を訴え、労働時間の短縮を要求するも会社はのんでくれず、退職を余儀なくされました。その後、パニック障がいからうつ病を発症、引きこもり生活を送ることになります。

転機は2011年。岩手県出身のMさんは、あの東日本大震災の後、地元に戻りました。そこで現地の人々がたくましく生きる姿に感銘を覚え、8年間の無職生活にピリオドを打つことを決意して就職活動を始めたのです。運よくアニコム社と出合い、就職の機会に恵まれました。「偏見がなく、不安はものすごく少なく働けている。先輩の存在も心強い」と保険給付の事務業務をこなしています。「世の中にはいい会社もあるので障がい者の方も就労を諦めないでほしい」とメッセージを託されました。

ほぼ全ての部門で障がい者雇用が進展

同社では現在まで福祉の専門家に頼ることなく、障がい者の雇用と定着を進展させてきています。ほぼ全部門で障がい者の雇用が進んでおり、目的とした「会社に普通に障がい者がいる状態」を実現しています。同社の社員の人間力の高さが、障がい者雇用に成功している大きな要因と考えられます。ダイバーシティの成功のためには、現場の社員一人一人の人間力を高めていく人づくりがとても重要だと、同社の事例から学ばされます。

筆者が以前に調査したところ、企業が障がい者雇用を成功させる上では「健常者社員の理解」

が最も重要だと回答した企業が113社（49・1％）と、群を抜いて1位になりました。健常者社員の理解とは、専門的な福祉知識があることではありません。障がい者も健常者も分け隔てなく共に幸せな人生を送るために生きている、と心から思うことができる人間力があるということです。この人間力が専門的な福祉知識よりも、障がい者雇用成功のためには何倍も重要なのです。

アニコムグループ

東京都新宿区。小森伸昭社長。戦後初の独立系損保会社として2006年に設立されたアニコム損害保険株式会社が中核。人間力の高い社員が生き生きと働く職場づくりを実現。障がい者雇用にも積極的に取り組んでいる。ペット保険シェア第1位。東商一部上場。

企業における障がい者雇用の効用

筆者は、2011年に法政大学大学院政策創造研究科において「企業における障がい者雇用の効用」の調査を行いました。その結果、障がい者雇用を契機に2割の企業で業績が向上したという結果になりました。業績が悪くなったと回答したのは0・5%でした。

業績が良くなったという企業では、ただ障がい者を雇用するだけでなく、「仕事の進め方を見直した」や「設備投資をした」の割合が高い傾向があります。障がい者雇用を機に経営革新を実践し、業績改善につながったのです。また、健常者社員の心理に好影響が及ぼされることも業績向上の大きな要因になる、という結果が出ています。障がい者雇用を始めてからの職場の雰囲気について質問したところ、「感謝・気配り」「企業文化」で特に効用が顕著で、「チームワーク」「モチベーション」にも明らかに効用が認められ、「生産性」にはほとんど影響を受けていないという結果が出ました。なかなか就けなかった仕事に就くことができて、働けることの喜びをかみ締めながらひたむきに仕事をする障がい者の姿に、健常者社員はほだされます。そして自分が頑張ることによってこの職場を長く持続させたいとモチベーションが高まり、よりいい仕事をするようになり、その結果として、お客様満足が高まり業績が向上する循環が生まれると推測できます。人本経営において重要な、社員の人間力が一段と磨かれていきます。

障がい者雇用に成功することで、その会社の人本経営に芯が通るといって差し支えないでしょう。

4

高齢者の職業人生の終焉を尊重していく

高齢者社員の労務管理は人を大切にする会社の試金石

「60歳で定年になった後に雇用延長される社員たちが、決して良いとはいえない労働条件で働いていることに、このままでいいのだろうかと疑問を感じています」

先代が「業績軸」で成功した会社を引き継いだ後継者の言葉です。極めてまともだと感じました。人本経営の重要性に気付き、数年前から「幸せ軸」に経営をシフトしています。

定年に関しては、わが国は高年齢者雇用安定法という法律を中心とした思想体系になっています。冷静に考えれば、これが企業から活力を奪うひどい法律だということに気付きます。この法律のせいで、60歳以降に勤務する労働者は恩恵的に雇用が延長されているのだという意識が、企業社会に蔓延してしまいました。

そして実務家である社会保険労務士も、疑問なく雇用延長コンサルティングをして悪法を世に広めることに加担してきました。定年の60歳になったら給与を見直し減額し、雇用形態は嘱託にすることが正解だと企業を導いてしまっているのです。

これまで長年会社に尽くしてきた功労者に対する処遇としていかがなものか、という社長の言葉に、本当に人を大切にする会社づくりに本気で取り組んでいるのだと確信を得ました。

「わが社もかつてはブラック企業とネットに書き込まれたこともあります。長時間労働、パワハラなどと書かれても仕方ない状態でした。もうあの時代には絶対に戻りたくない」

そう社長は強く語られていました。

この時の視察では、これからは企業が高齢者社員の労務管理をどうしているかが、人を大切にする会社かどうかを見極める最大の試金石になってくるという、大いなる学びがありました。

間違いだらけだった高齢者雇用

高齢者雇用というと、経営面においてはマイナスのイメージを持ちがちですが、これが根本的に間違っているのです。高齢者雇用のメリットを考えた会社づくりが重要です。

高齢者には、何といっても豊富な経験に裏打ちされた専門性の高さがあります。技能伝承、ノウハウをきちんと後輩に伝えていくことが会社にとって大きな財産になることは明白です。高齢者をぞんざいに扱っていては、スムーズな伝承は期待できません。やはり家族的な経営を実践していくことが、この面でも大切です。家族なら、ほかの家族が良くなることを喜ぶことができます。そして一人一人が良くなることで、会社全体が良くなります。この好循環をつくり続けていくためにも、高齢者社員の動機付けが必要です。

現役世代に与えるモチベーション

若い社員たちが、明日のわが身をそこに見ています。高齢者が尊重され生きがいをもって働いている姿を見れば、この会社で生涯働き続けていくことに対するモチベーションは相当に高められることでしょう。逆に不遇な高齢者社員ばかりだと、転職を考える大きな動機になってしまうかもしれません。

さらに、高齢化社会のニーズを発見することができるのは当事者である高齢者である、という厳粛な事実も看過できません。これからもっと活躍してもらう場面が増えてくるのです。ですから高齢者社員を大切にしていくことが重要です。

人本経営における高齢者雇用の在り方

それでは人を大切にする会社の高齢者雇用では、どのような労務管理になるでしょうか。まずは、すでに考察したように家族的な社風です。日本食研ホールディングスのように、社員3900人という規模でも家族的経営は実現できるのです。経営者次第なのです。定年は廃止してしまうか、70歳まで引き上げることを目標にしたいところです。人事の停滞を招かず後進にチャンスを与えるため、役職は60歳をもって離れる役職任期制は合理性があるでしょう。その分の給与減額は相当ですが、60歳になったからと無意味に給与の減額をしては感謝の文化が会社に根付かないことを悟って、ふさわしい給与水準を維持していくことが望ましいでしょう。60歳以降は自分の職業人生の最後の時期を自身で選択させるルールにして、尊厳を持って働いてもらう会社づくりを目指しましょう。

5

長時間労働から脱却する

時短を実現させて業績を伸ばそう

人を大切にする会社づくりを実践して、かなりいい会社になっても残ってしまいやすい障壁の最たるものが、残業問題です。いい会社ですから、もちろんサービス残業というレベルではありません。いい会社が直面するのは長時間労働状態です。

社員満足が高まり、それが顧客へと届き、業績が良くなっていきます。すると顧客が増えるわけで、当然業務量もそれに伴い増えます。お客様の満足を高めたいと社員たちは熱心に対応します。その結果、定時では仕事が終わらなくなり、だんだんと残業時間が増加していきます。

定期的に人は採用しているものの、長時間労働傾向が解消されない状態が続いているとしたら要注意です。さすがに21時や22時まで残業するような状態が続くと、社員の健康状態に支障をきたしてしまいます。

長時間労働が理由で社員がうつ状態になったり、家庭での不和をもたらしたりするようでは、いい会社をつくっていく意味がありません。それでは本末転倒と言わざるを得ません。

未来工業に学ぶ

そのような状態に陥っているならば、時短に向けて経営者は果断な決断をしていくべきです。早く帰れと言っているのだが社員たちが夜遅くまで残って仕事をしてしまう、というのではらちが明きません。

未来工業株式会社の瀧川克弘前社長は次のようなことをおっしゃっていました。

「残業をさせると割増賃金を支払うことになります。その割増分はどこから出てくるのでしょう。結局、それは売価に反映されてしまうのです。だから、残業をさせることは経営にとってよくないことなのです」

未来工業の人を大切にする会社づくりの原点は、時短にあります。残業がないばかりではなく、年間休日が１４０日という労働日数が極端に少ない状態をつくり出しています。さらに所定労働時間も短縮し続け、現在7時間15分です。

とてもわが社にはできないと諦めてしまいますか?

未来工業は時短を推し進めながら、利益率は原則的に右肩上がりになっています。つまり、時短を実施して業績を向上させているのです。それを実現するために必要なことは何でしょうか。それは徹底的に考えて無駄を省くことに尽きます。だから、同社に行くと至る所で「常に考える」という標識が目に飛び込んできます。これが同社の社是になっているのです。

理想的には残業時間ゼロですが、まずは月の残業時間を30時間までにすることを目指しましょう。現状からその達成までにどれだけの残業時間削減が必要なのかを出して、どうすれば少なくとも業績を落とさずに達成できるかを考えていくのです。経営者一人で考えるのではなく、全社員で考えるのです。

1人月1時間の削減を実践するだけで30人の会社ならば30時間の時短が実現できます。時短が進んで業績が落ちない、否、業績が良くなるのであれば、誰もが幸せになっていきます。ぜひその状態を実現していきましょう。

6

人を大切にする会社とそうではない会社の一生

ほんの数年でその差は歴然

本章の最後に、これから人を大切にする会社とそうではない会社ではどのような変遷をたどることになるのか比較をしてみましょう（次ページ図表4）。

実際によくある会社のパターンではないかと思います。最終段階へ至るのに5年から10年くらいでしょうか。そして、その先の10年はまったく違う世界になっていくのです。

図表４　人を大切にする会社とそうではない会社の変遷

人を大切にする会社	そうではない会社
経営者が志追求型でぶれない	経営者が売上目標追求型である
▼	▼
社員が会社の方向性を心で感じ取っている	社員は心から会社を信頼できない
▼	▼
収益の源泉になるものが社員であると確信し 長期視点で雇用。急成長を戒める	つい目先の売り上げに追われ 即戦力を求め過剰採用。業績は乱高下
▼	▼
正社員重視の雇用が進展する	非正規社員の割合が高まってくる
▼	▼
家族的な人間関係が職場に形成される	成果主義が行き過ぎ職場がギスギスする
▼	▼
ノウハウを包み隠さず教え合う文化が開く	社員は技能やノウハウの出し惜しみをする
▼	▼
確実な技能伝承が進む	セクショナリズムが蔓延し情報が断絶
▼	▼
協力会社・取引先を大切にする	コストで取引先をころころ替える
▼	▼
独自ノウハウが確立されていく	売れ筋商品の競争優位性が解消される
▼	▼
価格競争とは無縁になる	価格競争に巻き込まれる
▼	▼
シェアが高まる	シェアが低くなる
▼	▼
高収益体質となる	赤字基調となる
▼	▼
用途開発を考える余裕が生まれる	今日のことしか考えられなくなる
▼	▼
社員が高待遇で処遇される	リストラ・賃金カットなどが横行する
▼	▼
この会社で働くことができて 幸せと感じる社員が増える。 ほとんど社員は辞めない	こんな会社つぶれてしまっても かまわないと多くの社員が感じる。 離職者多発
▼	▼
憧れて入社する社員が増える	優秀な人材の確保がほとんど絶望的になる
▼	▼
永続経営の軌道に入る	会社経営に行き詰まる

第8章

人本経営で地域も元気に

1

最貧県発・島根県で進む未来創造の取り組み

人本経営企業が地域を生き返らせる

最終章となりました。世の中が確実に「業績軸」の資本主義社会から「幸せ軸」の人本主義社会へと革命的な変革を遂げつつあることを描写し、人本経営に成功するためのノウハウ論を展開してきました。人本経営に成功する会社が増えていくことで、社会は調和善循環型となり、持続可能な平和な社会が実現していきます。このことに気付き、行政や自治体が地域に人本経営に成功する会社を増やしていこうとする取り組みが行われています。筆者は、直接企業での人本経営の指導だけでなく、そうした意向を持つ行政機関や県の要請を受け協力してきました。

こうした地域の取り組みには、少子高齢化が進むわが国において、多くの地域を活性化させていくための重要なヒントがふんだんにあります。

中小企業を中心に地域を活性化させる基幹モデル

帝国データバンクによれば、100年以上経営を持続している長寿企業の輩出率全国ランキングで島根県は京都府、山形県に次いで3位となっています。輩出率は3・63%ですから、100社のうち3社は100年企業ということになります。

老舗輩出優秀県の島根県では持続可能な人本経営について理解を示し、積極的に地元企業に対して啓発活動を展開しています。『日本でいちばん大切にしたい会社』がベストセラーになる以前から坂本教授の経営学に啓発され、島根県の商工政策を担う志ある行政マンのみなさんは粉骨の努力をしてきました。坂本教授は、もう20年も前から島根県内の中小企業の経営革新を継続的に指導してきたそうです。

そして、今後中小企業を中心に地域を活性化させていく基幹モデルが、この数年で現実に確立しつつあります。それを「島根未来創造モデル」と称させていただき、どのような取り組みが行われているのかご紹介することにします。

経営者の啓発

２０１０年に「人財塾」という経営者向けの講座が開設されました。坂本教授が塾頭となって、地元の企業経営者に『日本でいちばん大切にしたい会社』に登場するような、人を大切にして永続する企業になるための経営革新の指導を施しています。塾では座学のみならず、積極的にツアーを組んで全国の人本経営成功企業の視察を繰り返しています。毎年30社近い企業が参加して、経営者が人本経営を学び、自社で実践しています。

幹部候補の啓発

数年前には「人財塾」を修了した経営者の企業を中心に、今度は幹部候補が次世代の人本経営のマネジメントを学び実践するための「マネジメントセミナー」がシリーズ化されました。法政大学大学院坂本光司研究室（以下、「坂本研究室」とします）の社会人修士や研究員が講師として関わり、日頃研究していること、また実務で効果のあった経営革新の手法について、その実践ノウハウを提供しています。毎年、西部地区（浜田市または益田市）、東部地区（松江市または出雲市）の2カ所で5回のセミナーが行われ、やはり30社近い地元中小企業の幹部候補の方々が参加しています。参加した会社は、経営者、幹部が人本経営を本気で実践しています。

さらには若手社員向けに「次世代リーダー研修」も、２０１３年から開講されています。次代を担うリーダー候補に対して人本経営の大切さ、実践法を伝授する研修です。

県側が講師料や会場費を負担し、企業側は廉価な受講料で参加できます。毎年、同じ企業から違う顔ぶれの社員が参加してきます。社内に人本経営に造詣が深い人材がたくさん増えていくことになり、確実に会社が良くなっていきます。

一連の講座に参加している会社から島根県をリードする企業群が形成されてくることは間違いありません。

人本経営ミシュラン本の作成

２０１４年、地元の学生たちが、人を大切にする会社を見つけやすいようにと、県内で人本経営を実践している会社を紹介した『しまね企業発見ＢＯＯＫ』というガイドブックを作成しました。ここに紹介された企業は34社ですが、これらの企業の調査も坂本研究室のメンバーが足しげく島根に通って行いました。このプロジェクトは今後も継続していきます。

地元若者の啓発

島根県の活動は徹底しています。経営者→幹部→リーダー候補ときた後、新しい企画をスタートさせました。国立島根大学と島根県立大学で「実例中小企業経営論」という講義を立ち上げたのです。この講義の講師の半分は地元の人本経営者、さらに半分は坂本研究室が委託を受けて担当しました。

将来ある地元の若者が、人を大切にする経営を実践している企業を見極められるように、眼力を養っていくことが目的です。都会の大企業に就職先を求めがちな若者に対して、地元にも素晴らしい企業がたくさんあることを知らしめ、優秀な若者の地元への定着を促進しているのです。

こうした取り組みを恒久的な地域活性化事業としていくために、NPO法人が立ち上げられました。設立メンバーには、商工会議所会頭、商工会連合会会長、中小企業団体中央会会長、経済同友会代表幹事、そして地元の優良企業の経営者の面々がズラリと並んでいます。オール島根の体制で、人を大切にする経営を島根県の中小企業に浸透させようと、一丸となって本気で動いています。

この島根未来創造モデルは全国で同様に展開できます。そうなっていけば、大企業ではなく地元の人を大切にする中小企業が全国で輝く時代が到来します。現在、坂本研究室には七十有余人のメンバーが在籍しています。わが地域でも取り組んでみたいという自治体や行政機関がありましたら対応可能ですので、ぜひご相談ください。

2 四国経済産業局の熱きチャレンジ

人本主義社会形成が進む四国

２０１０年に上梓した拙著『元気な社員がいる会社のつくり方』を読んだことがきっかけで、わざわざ会いにきてくださったのが四国経済産業局との出会いでした。同局でも地域にいい会社を増やして活性化していきたいと熱く語る行政マンがいました。公僕という言葉はこういう人たちのためにあるのだと感じさせられました。

四国も坂本教授がかねてから力を入れて支援している地域の一つでしたので、局のみなさんとはすぐに意気投合しました。人を大切にする経営をテーマにしたシンポジウムやセミナーを四国4県で定期的に開催して、地元企業への啓発を丁寧に行っていきました。

四国も島根同様、座学だけではなく行動しようと有志の企業を募って「いい会社づくり勉強会」を開催し、四国内はもちろん、全国の人本経営成功企業を視察する活動を実践しています。

四国でいちばん大切にしたい会社大賞の創設

2011年に、心ある関係者の絶大なる尽力により、経済産業大臣賞・中小企業庁長官賞「日本でいちばん大切にしたい会社大賞」が創設されました。

本賞は、業績がいいからとか、技術が優れているからということを理由にした顕彰制度とは違い、まさに「人を大切にする経営」を実践していると認識され、一定期間実績を出し続けていると認められた企業を表彰することを目的としています。応募資格の段階でも、過去5年以上にわたって、以下の5つに該当していることが条件であり、普通の会社では応募書類提出もままなりません。

◆人員整理、会社都合による解雇をしていないこと（東日本大震災等の自然災害の場合を除く）
◆下請企業、仕入先企業へのコストダウンを強制していないこと
◆障害者雇用率が法定雇用率以上であること（常勤雇用50人以上の場合）
◆黒字経営（経常利益）であること（一過性の赤字を除く）
◆重大な労働災害がないこと（東日本大震災等の自然災害の場合を除く）

人本経営を志すなら、いつかは受賞したい賞といえるでしょう。

この表彰制度が設立されると、四国は素早く動きました。同賞の地域版として四国経済産業局長賞「四国でいちばん大切にしたい会社大賞」を創設したのです。全国版である「日本でいちばん大切にしたい会社大賞」の翌年のことですから、四国がいかに早く追随したか、「人を大切にする会社」を増やすことで地域活性化の取り組みをしようとしたかがうかがえます。

四国経済産業局のほか中小企業整備基盤機構四国本部も連動しました。すでに3回の表彰を行いましたが、地域の人を大切にする会社が見事に浮き彫りになりました。

全国からベンチマークされる四国の「いい会社」

これまで表彰された企業は、この受賞を契機にさらに輝き出し、世の中になくてはならない企業として存在感を増しています。

第1回受賞企業の**徳武産業**（香川県）は、その後、書籍『日本でいちばん大切にしたい会社』に掲載され、その存在が全国に知れ渡るようになりました。筆者は同社を定期的に訪問していますが、訪れるたび、明らかな変化を感じます。例えば駐車場が増えていました。また、ヒット商品「あゆみシューズ」の直売所も設けられていました。わざわざ購入したくて来社されるお客様が激増しているのです。

同じく第1回受賞企業の**西精工**（徳島県）も翌年、「日本でいちばん大切にしたい会社大賞」中小企業庁長官賞に輝くという快挙を成し遂げました。ベンチマークに訪れる他社が増え続けており、毎回、社員がクロストークに参加し、堂々と語っています。外から見られることで、さらに資質向上が図られている様子でした。

やはり第1回で奨励賞を受賞した**ファースト・コラボレーション**（高知県）は本書でもすでにご紹介した通り、持ち前のサーバントリーダーシップに磨きがかかり、加盟しているエイブルでお店、社員とも顧客満足度日本一の連続記録を更新しています。

第2回受賞企業の**日本食研ホールディングス**（愛媛県）も、第2章で紹介したように経営の民主化という究極のテーマ実現に向けて確実に進歩しています。同じく第2回受賞企業の**スワニー**（香川県）は「幸せ軸」経営実践モデル企業ともいえる会社です。今後、全国的に注目されるようになっていくことは時間の問題かと思われます。

日本はいい方向へ進んでいる

第3回「四国でいちばん大切にしたい会社」大賞では3社が表彰されました。これまたこれまでの5社に比べて遜色のない会社です。

四国経済産業局長賞に輝いたのは電気機材卸売業の**大豊産業**株式会社（香川県）。ベテラン社員による謀反で人事倒産寸前の経営危機に直面した乾篤之社長は、企業は全社員の人間性が最も大切だということに気付き1994年から経営革新を断行。人づくりを通じて社員の物心両面の幸福を追求することを経営の究極の目的と位置付けました。それから20年がたち、まさしく人本主義の理念経営の教科書的な会社になりました。

乾社長は語ります。「社員は社会のために、私は社員のために、仲間のために尽くす」。やはりここでも、大切にされた社員たちがモチベーションを高めて好業績という結果を出し続けるという法則が確認できました。飲みに行っても同社の社員は建設的な意見ばかりで会社や上司の悪口が一切出ないと、社員行きつけの店のママに褒められたと乾社長はうれしそうに語っていました。

中小企業基盤整備機構四国本部長賞に輝いたのは第3章でご紹介した蛇行修正装置製造業の**ウインテック**（愛媛県）です。協力会社をとても大切にしていて、30社とＷｉｎＷｉｎ会を構成して理念の共有に余念がありません。「利益を分けると、さらに利益が生まれ、また潤沢な資金で研究開発が促進されて、お客様の実績と信用が高まる」と駄場元定生社長。

社員を大切にしているエピソードも語られていました。客先で、同社の製品のメンテナンスを行う若い社員が下請けのごとくあしらわれていると聞き及んだ駄場元社長は、すぐに駆けつけ先方の社員にたんかを切って、本人いわく「どつき倒した」そうです。どんなにつらくとも社員の口からは客先でその仕事をやめるとは言えないから、社員がののしられたり、馬鹿にされたりすることを絶対に許さないと決めているそうです。「客を選ぶ権利がある」と健全経営実現のための方針がぶれていません。これが実現できるのもニッチながら世界一の技術があるからです。

さらに奨励賞としてリネンサプライを手掛ける株式会社**トーカイ**（香川県）が表彰されました。人本主義の理念経営が形成されていることと、９００人を超える従業員規模にもかかわらず障がい者雇用率が法定雇用率を大きく上回る3％台というダイバーシティ経営の実践が評価されました。

今後、四国では受賞企業を中心に、地域で人本経営を志す企業同士が集うフォーラムを立ち上げ、人本主義社会を地域に根差す活動を加速させようとしています。

このように、行政や自治体、経営者団体が音頭を取って地域に人を大切にする会社を増やし、活性化させようという活動は、九州や青森、滋賀でも始まりつつあります。確実に人本主義社会が全国に広がってきていることを日に日に感じることが多くなりました。

日本はいい方向へ進歩しています。

さあ、次は御社の番です。迷わず一歩踏み出しましょう。

あとがき

きれいごとを徹底しないと、利益は生まれない時代になった

「きれいごとを徹底しないと、利益は生まれない時代になった」

最近視察した会社の経営者から聞いて最も印象に残った言葉です。最果ての青森の地で突き抜けたその経営者は、泰然自若と語られていました。

少子高齢化が現実化している地域になればなるほど、持続的な経営をしていくことが困難になります。そのような過酷な状況下でも元気な会社の経営者から飛び出したこの言葉は、決しておろそかにできません。東京都市部では現状維持の経営をしていても何だかんだまだ回ってしまうので、完全にゆでガエル状態になっている会社が多いのではないでしょうか。やがて地方で起きている現象が都会でも確実に現実化してきます。

その時持続できる会社は、間違いなくきれいごとを徹底している会社でしょう。今現在、都会でも先見の明がある経営者はこれまでとは真逆な人本経営に真摯に取り組んで結果を出しつつありますが、そうした企業がまもなく頭角を現してくるはずです。

かつて高度成長期の頃、わが国の「いい会社」「普通の会社」「悪い会社」の割合は2対6対2でしたが、今はこの割合が2対2対6に変化してきており、それこそが新しい現実であると坂本教授は指摘しています。結果、日本全国から普通の会社が姿を消しつつあり、その代わりに周りが高度成長している時には良質な経営を実践してもほとんど目立つことのなかった、構造変化にも微動だにしない、人を大切にする「いい会社」の経営が燦然と輝きだしています。

その代表格が**伊那食品工業**でした。

もう一度、伊那食品工業がどんな経営をしてきたのか考えてみましょう。同社のサイトでは経営理念の説明がいきなりこんな語りから始まります。

「目先の数字的な効率を最優先させて、大切な事を忘れてしまってはいけないと思います。福利厚生費を抑える、社宅を廃止する、社員旅行を中止する、懇親会も中止するというようでは、会社が正しい方向には向かないような気がしています」

「いい会社とは、単に経営上の数字が良いというだけでなく、会社をとりまくすべての人々が、日常会話の中で『いい会社だね』と言ってくださるような会社の事です。『いい会社』は自分たちを含め、すべての人々をハッピーにします。そこに『いい会社』を作る真の意味があるのです」

「マニュアルや目標数字のある会社は世の中にたくさんあります。でも何より大事なのは羅針盤となる社是ではないかと当社では考えております。社是は会社を構成するすべての人の共通の土台であり、道標です」

そして社是を「いい会社をつくりましょう」と定め、全社員が携帯する社是カードにはそれを実現する次の4つの心掛けが掲げられています。

ファミリーとしての意識をもち、公私にわたって常に助け合おう。

創意、熱意、誠意の三意をもって、いい製品といいサービスを提供しよう。

すべてに人間性に富んだ気配りをしよう。

公徳心をもち社会にとって常に有益な人間であるように努めよう。

完璧なきれいごとのオンパレードです。そして、これを具現化させることを木の年輪のように毎年コツコツ積み重ねてきました。結果、寒天という斜陽産業で48年増収増益を続け、社員は毎年増え続け486人となり、売上高も176億8000万円（2013年12月期）に達しています。1人当たりの寒天の年間売上高がなんと4000万円超です。きれいごとを徹底的にし続けて微動だにしない強い会社が出来上がったのです。

きれいごとを実現させていく人本経営、これこそが次世代経営のテーマといえます。調和善循環を生み出していくために、わが社は今後いかなる「きれいごと」で社会の役に立つ価値提供者になっていくのか、今からそのための未来創造をしていこうではありませんか。

最後に、快く視察を受け入れてくださった全国の人を大切にする会社のみなさま、人生に多大なる影響与えてくださった坂本光司先生、坂本研究室の仲間のみなさん、愛をもってきつく叱咤激励をしてくださっている橘三朗主宰、いつも元気を与えてくださる三略会のみなさま、本書を世に出す機会を与えてくださったウィズワークス株式会社の前田知憲会長、聡明な指揮を振っていただきました高橋大輔様、そして、自らが編集に当たりたいと率先垂範して並々ならない尽力をしていただいた月刊総務事業部の薄井浩子様、その他支援してくださった多くのみなさまに心から感謝と御礼を申し上げます。

しょっちゅう視察や講演などの仕事で留守がちにもかかわらず会社を切り盛りしてくれた社員のみんなと、一生懸命に応援してくれた家族の一人一人のおかげで本書を世に生み出すことができました。本当にありがとうございました。

「幸せ軸」経営の本質を見事に示した好著

人を大切にする経営学会　代表発起人
法政大学大学院政策創造研究科　教授
坂本光司

本書の著者である小林秀司氏は、株式会社シェアードバリュー・コーポレーション（本社は東京千代田区）という社名の社会保険労務士業を中核とする経営コンサルタント会社の代表で、近年では「人を大切にする会社づくりのトータルプロフェッショナル」として、中小企業経営者等から高い評価を受けている方です。

氏は法政大学が知識基盤社会・人間最重視社会の中核的人財を養成するため開学した独立大学院である「法政大学大学院政策創造研究科」の私の研究室に所属し、「中小企業のあるべき経営・あるべき経営者」等について深く研究し、見事な修士論文をまとめ上げ、めでたく修了した研究仲間の一人でもあります。

とりわけ障がい者等社会的弱者に光を当てた氏の論文は、学内にとどまらず、修士や博士の類似テーマの先行研究論文としていまだ高い評価を受けています。

こうしたこともあり、大学院修了後、さらに研究を深めるため研究生として残り、その研究成果を一段と深めてくれました。現在は、私の強い要請で後輩の修士学生の指導や法政大学大学院が設置した、私が所長を務める「中小企業研究所」の学内外の研究業務を担当していただくため、特任研究員として、引き続き大学院にも席を置いていただき、島根大学等の講師や、外部機関との共同研究のまとめ役としても大いに活躍してくれています。

一般的に社会保険労務士事務所は、中小企業等の人事労務に関する相談指導や労働トラブルの解決といったことが業務の中心となるのが圧倒的多数であると思います。また、当の社会保険労務士にも、そのことにこそ存在価値を見いだし、日常業務に当たっている方々が少なくありません。

しかしながら、本書を読み始めていけばすぐに分かることですが、著者である小林秀司氏が考え、実践されているミッション・存在価値は、これらとはかなり異なります。氏は「社会保険労務士としての自身の最大の使命と責任は、労働トラブル等の相談や解決を図るお手伝いをすることではなく、そういう問題が決して起こらない『人こそを大切にするいい会社』づくりのお手伝いをすること」と定義し、「いい会社」づくりの基本的前提である「人間本位経営」（人本経営）や「理念経営」の普及と実践に日夜努力してくれているのです。

私も小林秀司氏のこうした姿勢と努力は正しいと思います。というのは、問題には現象問題と本質問題という2つがあり、現象問題の解決のためには、その現象問題を引き起こしている「本質問題」を除去する必要があるからです。そうしない限り、永遠に現象問題は出ては消え、出ては消えを繰り返します。

戦略や戦術を熱く語り重視する経営者がことのほか多いのですが、実は問題は戦略や戦術ではなく、その組織の目的や使命、つまり「経営理念」そのものにある場合が大半なのです。著者である小林秀司氏はかねてよりそこに注目し、本質問題の除去・解決のために身を粉にして活動してくれているのです。

その小林秀司氏が、このたび、これまでの研究成果と実践成果を世に問い「人をトコトン大切にするいい会社」の増加に役立ちたいと、本書『人本経営　「きれいごと」を徹底すれば会社は伸びる』を出版することになりました。

本書は、序章「いい会社は人本主義」から始まり、第1章「今、起こっている新しい現実」から第8章「人本経営で地域活性化」までの8章構成になっています。読み進んでいけばすぐ分かりますが、内容は、「人をトコトン大切にしている会社は業績も決してブレない」という多くの厳粛な事実を、これでもかと示してくれています。そして、そうなるためのステップや具体策も豊富な事例に基づき述べてくれています。

氏も繰り返し述べているように、経営の目的・使命は業績や勝ち負けを競うことではなく、会社に関係する全ての人々を幸せにすることです。業績は追及すべきことではなく結果として実現する現象なのです。つまり、会社に関係する全ての人々が幸せを実感できる会社の業績は結果として高く、一方、人を大切にしない・蔑ろにするような会社・温もりのない会社の業績は結果として大きくぶれたり、低下・低迷します。このことは理想でも理論でもなく確かな現実なのです。

会社の盛衰は長らく続いてきた「需要の法則」から「供給の法則」に変わろうとしています。供給の法則の主役は言うまでもなく「価値ある財の供給者」、つまり、社員であり、その社員を支える家族です。本書はその答えを見事に示してくれている好著です。

経営者はもとより、社員・学生を問わず「いい会社をつくりたい……、いい会社に勤めたい……、いい人生を送りたい……」と念じている多くの人々に、本書を一読することを強く勧めます。

ところで、私たちは今、小林秀司氏をはじめ研究室に所属する中小企業経営者や公認会計士・

税理士・社会保険労務士・経営コンサルタント・起業家・公務員等約70名と、学内外の研究者や医者・弁護士・専門家等と一緒に「人を大切にする経営学会」（2014年9月23日発足）の設立に向け研究室一丸となって準備をしています。志さえあれば誰でもが入会できる新しいタイプの学会です。これまた多くの人々に参加いただき、一緒になっていい会社を増やす努力をしていきましょう。

2014年9月

小《こ》林《ばやし》秀《ひで》司《し》

社会保険労務士
株式会社シェアードバリュー・コーポレーション(SVC) 代表取締役

1960年生まれ。大学卒業後、 教育出版会社、 株式会社日本マンパワーを経て、 1997年に独立し SVC を設立。人を大切にする会社づくりのトータルプロフェショナルとして、 全国で企業調査・発掘、 研究成果啓発講演、 研修・コンサルティング等を行っている。2009年より『日本でいちばん大切にしたい会社』の著者である法政大学大学院の坂本光司教授に師事し、 2011年3月、 法政大学大学院政策創造研究科を修了(政策学修士)。経済産業大臣賞・中小企業庁長官賞「日本でいちばん大切にしたい会社大賞」創設にも深く関わった。内閣府委嘱・地域活性化伝道師、 法政大学大学院中小企業研究所特任研究員、 国立大学法人島根大学非常勤講師・島根県立大学非常勤講師。著書に『元気な社員がいる会社のつくり方』(アチーブメント出版) 等がある。創刊51年の雑誌『月刊総務』にて「人を大切にする会社づくり」をテーマに連載中。

SVC ホームページ
http://www.keieijinji.com/　　検索 経営人事

E-mail
kobhid@gmail.com

2014年9月23日発足

人を大切にする経営学会

人を大切にする経営学会は、 人、 とりわけ社員等の満足度や幸せこそ最大目標であり最大成果と考える「人を大切にする経営」を研究対象とし、 その研究成果を広く社会に還元、 啓発する活動を行うことを通じて、よりよい企業経営を行う企業が増加することを目的としています。

【主な活動内容】
年次大会の開催／部会の開催／学会年報の発刊／学会ニュースの発行／日本でいちばん大切にしたい会社大賞の運営・開催／学会顕彰／全国各地でのフォーラムの開催／その他本学会の目的を実現するために必要な事業

【代表発起人(順不同)】
清成忠男(事業構想大学院大学学長・法政大学元総長)、西水美恵子(元世界銀行副総裁)、 塚越 寛(伊那食品工業代表取締役会長)、藤沢久美(ソフィアバンク代表・静岡銀行社外取締役)、 坂本光司(法政大学大学院政策創造研究科教授・NPO 法人オールしずおかベストコミュニティ(障がい者の就労支援機関) 理事長)

人を大切にする経営学会ホームページ
http://www.htk-gakkai.org/

人本経営
「きれいごと」を徹底すれば会社は伸びる

Nanaブックス
0124

2014年9月21日　初版第1刷発行

著者　小林秀司
発行者　林　利和
編集人　薄井浩子
発行所　ウィズワークス株式会社
〒160-0022
東京都新宿区新宿1-26-6　新宿加藤ビルディング5F
TEL　03-5312-7473
FAX　03-5312-7476
URL　http://wis-works.jp
※Nanaブックスはウィズワークス株式会社の出版ブランドです
印刷・製本　三松堂株式会社

装丁・本文デザイン　荒川伸生

ISBN978-4-904899-43-4　C0034